REPRESÁLIAS SELVAGENS

A espada, de Alfred Pierre Agache (1843-1915). Óleo sobre tela. Galeria de Arte de Toronto, Canadá, 1896.

PETER GAY

Represálias selvagens
Realidade e ficção na literatura de Charles Dickens, Gustave Flaubert e Thomas Mann

Tradução
Rosaura Eichenberg

COMPANHIA DAS LETRAS

Copyright © 2002 by Peter Gay

Grafia atualizada segundo o Acordo Ortográfico da Língua Portuguesa de 1990, que entrou em vigor no Brasil em 2009.

Título original
Savage reprisals — Bleak House, Madame Bovary, Buddenbrooks

Capa
João Baptista da Costa Aguiar sobre *A arte da pintura* (1666-73), de Jan Vermeer, óleo sobre tela (130×110 cm)

Preparação
Eliane de Abreu Santoro

Índice remissivo
Luciano Marchiori

Revisão
Isabel Jorge Cury
Daniela Medeiros

Dados Internacionais de Catalogação na Publicação (CIP)
(Câmara Brasileira do Livro, SP, Brasil)

Gay, Peter
  Represálias selvagens : realidade e ficção na literatura de Charles Dickens, Gustave Flaubert e Thomas Mann / Peter Gay. — São Paulo : Companhia das Letras, 2010.

  Título original: Savage reprisals : Bleak house, Madame Bovary, Buddenbrooks.
  ISBN 978-85-359-1641-6

  1. Dickens, Charles, 1812-1870. Casa sombria 2. Ficção europeia - Século 19 - História e crítica 3. Ficção europeia - Século 20 - História e crítica 4. Flaubert, Gustave, 1821-1880. Madame Bovary 5. Mann, Thomas, 1875-1955. Os Buddenbrooks I. Título.

10-02068   CDD-809.3

Índice para catálogo sistemático:
1. Ficção europeia : História e crítica   809.3

[2010]
Todos os direitos desta edição reservados à
EDITORA SCHWARCZ LTDA.
Rua Bandeira Paulista, 702, cj. 32
04532-002 — São Paulo — SP
Telefone (11) 3707-3500
Fax (11) 3707-3501
www.companhiadasletras.com.br

Para Dorothy e Lewis Cullman, que mudaram a minha vida, e para Doron e Jo Ben-Atar Jerry e Bella Berson Henry e Jane Turner, minha turma de New Haven

A face de Dickens [...] é a face de um homem que está sempre lutando contra alguma coisa, mas que luta às claras e não está assustado, a face de um homem generosamente zangado, em outras palavras, de um liberal do século XIX, uma inteligência livre, um tipo odiado com igual ódio por todas as pequenas ortodoxias fedorentas que agora disputam nossas almas.
George Orwell sobre Charles Dickens (1939)

Para Flaubert, que em toda a sua vida declarou repetidas vezes que escrevia para se vingar da realidade, eram sobretudo as experiências negativas que inspiravam a criação literária.
Mario Vargas Llosa sobre Gustave Flaubert (1975)

Mas a única arma disponível à sensibilidade do artista, que lhe permite reagir aos fenômenos e às experiências, defender-se convenientemente de tudo isso, é a expressão, é a descrição. E essa reação pela expressão, que (para falar com um certo radicalismo psicológico) é a sublime vingança do artista sobre sua experiência, será tanto mais veemente quanto mais refinada for sua sensibilidade.
Thomas Mann sobre Thomas Mann (1906)

Sumário

Prólogo: *Além do princípio da realidade* 11

1. O anarquista zangado:
   Charles Dickens em *Casa sombria* 29
2. O anatomista fóbico:
   Gustave Flaubert em *Madame Bovary* 65
3. O aristocrata rebelde:
   Thomas Mann em *Os Buddenbrook* 105

Epílogo: *As verdades das ficções* 141
Notas 157
Notas bibliográficas 165
Agradecimentos 179
Índice remissivo 181

Prólogo

Além do princípio da realidade

1

Durante a espetacular carreira do realismo literário no século XIX, o estilo era coberto de elogios, nenhum mais sincero que o de Walt Whitman: "Diante de fatos apropriadamente contados, como parecem mesquinhos todos os romances". É bastante sabido que Honoré de Balzac se via como "o amanuense da história", uma pretensão ambiciosa que as páginas seguintes servirão para examinar e complicar, mas que por sua conta comunicam o poderoso senso de realidade de um romancista. E, em fevereiro de 1863, Ivan Turguêniev informou a seus companheiros de mesa em Paris, todos proeminentes figuras literárias — Flaubert estava lá, bem como o principal crítico da França, Sainte-Beuve, e os irmãos Goncourt, memorialistas e romancistas —, que os escritores russos, com um pouco de atraso, haviam também se juntado ao grupo realista.[1]

Na verdade, é justo dizer que durante grande parte do século XX os romancistas por toda a Europa e os Estados Unidos estavam firmemente comprometidos com o princípio da realidade. Fizeram, por assim dizer, um pacto tácito com o público leitor que os obrigava a permanecer fiéis às verdades sobre os indivíduos e sua sociedade, a inventar apenas pessoas e situações "reais", em suma, a ser dignos de confiança em suas ficções sobre a vida comum. As sagas românticas sobre cavaleiros galantes e aventuras improváveis, damas sedutoras e amantes condenados, tudo banhado num luxo extravagante, não eram para eles. Antes, os realistas encontravam seu material em circunstâncias essencialmente semelhantes ao estilo de fala e ao modo de vida de seus leitores burgueses. Até modernistas clássicos como Marcel Proust ou James Joyce insistiam em criar personagens que obedecessem às leis da natureza humana; na verdade, *Em busca do tempo perdido* e *Ulisses* visavam a penetrar no âmago da vida interior, o primeiro com análises meticulosas e o segundo com experimentos linguísticos, de forma mais eficaz do que seus mais previsíveis colegas romancistas. Vanguardistas ou convencionais, os realistas faziam esforços excepcionais para pintar cenários verossímeis e personagens verossímeis.

Os três escritores que examino neste livro são todos realistas, cada um à sua maneira. Seus escritos reverenciavam coerentemente o compromisso com o mundano. Apesar de todos os excêntricos que povoam os romances de Charles Dickens, de sua divisão nada sutil dos personagens em heróis e vilões, ele insistia nos mais fortes termos — em *Casa sombria* talvez de forma mais premente — que se aliava à natureza e à ciência ao imaginar as cenas que estendia diante de seus leitores. Thomas Mann vasculhou suas lembranças de Lübeck e investigou o irmão mais velho Heinrich, outros membros da família e conhecidos ainda mais antigos para dar a seu *Os Buddenbrook* a autoridade de uma viva verossimilhança. Até Gustave Flaubert, que menosprezava o novo gênero da moda chamado "realismo" devido àquilo que ele ridicularizava como seu alegado caráter vago e vulgar, desenvolveu sua própria forma de realismo com um cuidado exagerado, totalmente obsessivo, tornando os personagens em *Madame*

Bovary tão semelhantes à vida quanto possível. Qualquer que fosse o significado preciso que autores, críticos e leitores atribuíssem a "realismo", eles concordavam que o romancista sério — e a romancista séria — devia limitar-se estritamente a personagens plausíveis vivendo em ambientes plausíveis e participando de acontecimentos plausíveis (e, esperava-se, interessantes).

Mas sua vocação cada vez mais prestigiada de romancistas empurrou os principais realistas para além do princípio da realidade. Eles eram criadores de literatura, e não fotógrafos ou estenógrafos da vida comum. Seus valorizados poderes de imaginação os liberavam de maneiras que eram vedadas aos cientistas da sociedade — sociólogos, cientistas políticos, antropólogos, historiadores —, para quem os fatos e sua interpretação racional continuavam a ser prioridade.* É por isso que os escritores do século XIX se compraziam com o direito de acalentar sua isenção de restrições prosaicas — sempre, claro, dentro da razão. Nas extraordinárias cartas que Flaubert escreveu à amante Louise Colet na metade do século, enquanto trabalhava em *Madame Bovary*, longos comunicados da frente da batalha que equivalem a um tratado de estética, ele exclamou mais de uma vez: "Isso é tudo: o amor da Arte".[2]

De sua parte, Thomas Mann, espantado por *Os Buddenbrook* terem causado "uma sensação em Lübeck e rancores", protestou contra essa recepção literal de seu primeiro romance doméstico. "A realidade que um escritor sujeita a suas intenções", escreveu com um pouco de indignação,

> pode ser seu mundo cotidiano, como pode ser um personagem alguém muito próximo e amado; o escritor pode se mostrar tão subor-

---

* Nas páginas que se seguem, usarei, por razões de simplicidade, a palavra "historiador" para me referir a todos esses cientistas da sociedade.

dinado quanto possível a detalhes fornecidos pela realidade, pode usar seus traços mais profundos com ganância e obediência em favor de seu texto; ainda assim, continua a haver para ele — e deveria haver para todo mundo! — uma diferença incomensurável entre a realidade e a sua obra: isto é, a diferença essencial que separa para sempre o mundo da realidade do mundo da arte.³

Esse manifesto realista é bastante eloquente para requerer grandes comentários. Não faz sentido exigir exageradamente do realismo no movimento realista. Certamente, como os romancistas realistas e seus leitores sabiam perfeitamente bem, o realismo não é a realidade. Em certo ponto, em *Os Buddenbrook*, Mann faz avançar a trama com a passagem-ponte "Dois anos e meio mais tarde",⁴ um lembrete de que na ficção o tempo dá saltos acrobáticos. Da mesma forma, mais para o fim de *A educação sentimental*, Flaubert quebra a continuidade da vida de seu herói com um famoso parágrafo de duas palavras — "Ele viajou"⁵ —, e depois, com algumas palavras breves, conta o que aconteceu a Frédéric Moreau entre 1848 e 1867. O romance realista corta o mundo em pedaços e monta-o de novo de formas distintas. A sua realidade é estilizada — forçada e torcida — para servir às exigências do enredo e do desenvolvimento de personagens criados pelo autor. Mesmo quando os romancistas recorrem deliberadamente a truques fáceis e preguiçosos como o longo braço da coincidência e o *deus ex machina* que tudo resolve, eles professam ser autêntico o mundo que estão construindo.

A ficção realista, portanto, para sublinhar um argumento quase autoevidente, é literatura, e não sociologia ou história. Permite, de fato invoca, os prazeres de encontrar os deliciosos ou assustadores desajustados de Dickens em *Casa sombria*; de observar a dissecação de uma beldade provinciana tristemente fracassada, feita por Flaubert em *Madame Bovary*; de apreciar a ironia de Mann em ação em *Os Buddenbrook*, a mais subversiva de todas as crônicas familiares. Não discuto com o crítico literário que visualiza os romancistas, inclusive os do credo realista, como alquimistas que transmutam a escória do cotidiano no ouro da arte. Nada do que direi nestas páginas deve dissuadir os leitores de considerar os romances produções estéticas com seus próprios padrões, seus próprios deleites, seus próprios triunfos. Afinal, o romance é uma das realizações notáveis da civilização moderna.

Sem dúvida, há mais de um modo de ler um romance: como uma fonte de prazeres civilizados, como um instrumento didático que serve ao aperfeiçoamento pessoal, como um documento que abre portas para sua cultura. Já cobri de elogios a primeira dessas alternativas; deixo a segunda, com suas boas intenções e sua seriedade, aos pedagogos e aos vendedores de espiritualidade. No que se segue, vou investigar a terceira dessas alternativas: este livro é um estudo de romances como um tesouro possível (e possivelmente traiçoeiro) de conhecimento. Isso me parece um exercício necessário, pois não é de modo algum evidente como extrair verdades das ficções.

Como outros leitores, a maioria dos historiadores tem ignorado essas dificuldades, prescrevendo ou recomendando acriticamente romances como se faz com muitas obras de referência que fornecem informações culturais e sociais fidedignas. É verdade que nenhum erudito sensato recorreria a *O processo*, de Franz Kafka, para fazer um relato direto sobre o sistema judicial austro-húngaro, ou a seu *O castelo* para discorrer sobre os deveres de um agrimensor. Mas os romancistas do século XIX, particularmente a maioria realista — como o português Eça de Queirós, os irmãos franceses Goncourt ou o americano William Dean Howells —, parecem mais promissores como fornecedores de dados particulares aproveitáveis. Encerrados em leis ou perpetuados por hábitos sociais como a autoridade do pai ou o status das mulheres na família, o lado financeiro dos arranjos de casamento, o salário médio de um escriturário, o modo correto de se dirigir a um bispo foram transformados em fragmentos de evidência que os eruditos acham atraentes, quase irresistíveis.

Procurando, digamos, fatos concretos no inesquecível romance de Pérez Galdós, *Fortunata e Jacinta* (1886-7), que se passa por volta de 1870, um historiador poderia reunir um volume de informações confiáveis sobre o casamento burguês em Madri, as modas intelectuais em círculos universitários, as práticas comerciais predominantes e as tensões políticas endêmicas. Além disso, o erudito interessado na história da loja de departamentos pode começar muito bem com *O paraíso das damas* (1883), de Zola, depois de dar um desconto para alguns exageros e simplificações melodramáticos. Esses exemplos ilustram por que o romance parece um guia tão insuperável. Encontra-se na intersecção estratégica entre a cultura e o indivíduo, o macro e o micro, apresentando ideias e práticas políticas, sociais, religiosas, desenvolvimentos portentosos e conflitos memoráveis, num cenário íntimo. Lido de forma correta, promete tornar-se um documento extraordinariamente instrutivo.

O romance realista é tão rico em implicações abrangentes precisamente porque apresenta seus personagens por meio de seus passos através do tempo e do espaço como se fossem pessoas reais crescendo num microcosmo de sua cultura e da história dessa cultura. Trata-os como indivíduos solidamente ancorados em seu mundo, *neste* mundo. E com razão: com a idade de cinco ou seis anos, a criança é uma antologia em miniatura dos modos da sociedade que a cerca. Incorporou regras de conduta, cânones de gosto, crenças religiosas de seus educadores formais e informais — pais, irmãos, amas e criadas, professores, padres, amigos de escola. Afinal, não há nada espantoso no fato de o filho de italianos falar italiano ou o filho de episcopais se tornar episcopal. Na época em que vai para a escola, portanto, depois dos primeiros anos de seu aprendizado doméstico para a vida, o jovem aprendeu, com maior ou menor eficácia, a lidar com irmãos, companheiros de brincadeiras e figuras de autoridade, a se haver com a competência e a frustração, com as recompensas e as punições, e com as pequenas hipocrisias necessárias para a sobrevivência. Os romancistas realistas estavam fadados a fazer com que seus personagens se conformassem a esses fatos básicos da vida.

E as primeiras lições persistem, quer tenham sido facilmente absorvidas, quer obstinadamente enfrentadas com resistência. Isso não era novidade para os vitorianos; não fora novidade para os antigos gregos e para os educadores nos séculos de Platão a Pestalozzi. Cem anos antes de Freud ter criado uma teoria a respeito, Wordsworth já tinha proclamado celebremente que a criança é o pai do homem, e em 1850, na sua viagem pelo Oriente Próximo, Flaubert refletiu numa carta para a mãe: "As primeiras impressões não são apagadas, você sabe disso. Carregamos o nosso passado dentro de nós mesmos; durante toda a vida, a nossa ama de leite se faz sentir".[6] É improvável que um personagem criado primeiro no casulo familiar se desvie do curso imposto a ele em seus primeiros dias.

Os críticos literários marxistas reclamaram com frequência que o romance realista "burguês" deixa de levar em suficiente conta a localização social em que seus personagens devem subsistir e agir. Um de seus principais teóricos, G. V. Plekhanov, propôs que o leitor crítico do romance burguês devia traduzir a linguagem da arte para a linguagem da sociologia. Mas não é preciso ser um discípulo do materialismo dialético para reconhecer a interação incessante e íntima do que estou nomeando o macro e o micro. Hawthorne escreveu *A letra escarlate*, com sua evocação do rigor implacável do puritanismo americano, sem nenhum lastro de teoria literária. Dostoiévski escreveu *Os irmãos Karamázov* sem o benefício do relato do triângulo familiar feito por Freud, o complexo de Édipo.

Como mostrarão meus exemplos, os personagens imaginados

passam (ou deixam de passar) nos testes que o mundo lhes impõe na sua esfera mais privada, dentro da mente — reações a maus-tratos na infância em *Casa sombria*, desilusão conjugal em *Madame Bovary*, fortunas em declínio em *Os Buddenbrook*. Todas essas reações pessoais têm suas dimensões culturais. Mas o centro único das percepções é sempre o indivíduo, que tenta decifrar os significados e calcular suas consequências. Por essa razão é possível, e pode ser altamente produtivo, que os estudiosos da sociedade, ao ler os romances, oscilem entre o macro e o micro, explorando cada um à luz do outro. O romance, numa palavra, é um espelho erguido ao mundo.

2

Mas fornece reflexos muito imperfeitos. A famosa definição do romance dada por Stendhal como um espelho que se move ao longo de uma rodovia é interessante, mas incompleta: é um espelho que distorce. Uma das obras maduras de Dickens, *Tempos difíceis*, publicada em 1854, logo depois de *Casa sombria*, explicita essa ideia para mim. Na cena de abertura, o autor faz com que um professor, Thomas Gradgrind, se dirija a seus alunos: "Agora, o que quero são fatos. Ensinar a esses meninos e meninas nada mais do que fatos. Apenas os fatos são necessários na vida. Não plantar nada além disso, e erradicar tudo o mais".[7] Com um sorriso zombeteiro, Dickens chama o sr. Gradgrind, que impregna seus pupilos com essa doutrina repulsiva, "um homem de realidades".[8] Ao seguir sua argumentação, Dickens dirige seus chistes mais severos e mais amargos contra o que considera os fundamentos da pedagogia de Gradgrind: a filosofia pouco caridosa, insensível, quase literalmente inumana de Jeremy Bentham e seus seguidores, os utilitaristas: ele aparentemente acreditava que essa doutrina dominava e estava arruinando a Inglaterra. "Coketown", a réplica de Dickens de uma cidade industrial, é, para a sua mente, o terreno prolífico perfeito para os utilitaristas. Atuando como um advogado de acusação, Dickens chama as testemunhas para o banco, fazendo com que atestem como foram horrivelmente desfiguradas por uma educação que treina o intelecto e esquece o coração. O filho de Gradgrind, mimado e irresponsável, leva o dogma educacional do pai longe o bastante para acabar como assaltante de banco; a filha de Gradgrind, cuja alma nunca teve a permissão de desabrochar na infância e na juventude, desamparada e sem amigos, consente em se casar com um banqueiro de bom nome, o sr. Bounderby, o homem mais rico de Coketown, a quem ela não ama e não pode amar.

Esse ataque não é a crítica séria de uma escola filosófica, mas um simples libelo. Quem o tomar como um relato factual será enganado de forma quase tão grave quanto os pupilos do sr. Gradgrind pelo seu utilitarismo. A influência de Bentham sobre a vida inglesa na década de 1830 e nas seguintes foi um caso complicado. Crítico impiedoso da lei inglesa e das tradições inglesas incrustadas, adepto radical de uma psicologia que coloca o cálculo do prazer e da dor em seu centro, ele tinha discípulos proeminentes no Parlamento e fora da vida pública que trabalhavam, às vezes com sucesso, para traduzir suas ideias em legislação e editos administrativos. Mas Dickens era demasiado emocional e demasiado ignorante para avaliar a importância do pensamento de Bentham.*

Apesar de todas essas cautelas, os romances têm muito a dizer aos historiadores. Mesmo quando apresentam as coisas de modo

---

* Em seu excelente estudo *The Dickens World* (1941; 2ª ed., 1942), Humphry House escreve: "Muitas pessoas ainda leem Dickens por seus registros e crítica de abusos sociais, como se ele fosse um grande historiador ou um grande reformador" (p. 9). Não era nenhuma das duas coisas, claro. Quanto à sua crítica do utilitarismo: "Não se pode dizer que ele não gostasse das teorias de Bentham, porque não há evidência de que soubesse do que se tratava" (p. 38).

errado, eles podem fazê-lo de maneiras instrutivas, lançando luz sobre atitudes de classe ou preconceitos religiosos típicos. Alcançando uma popularidade incomparável com seus métodos tantas vezes demagógicos de atrair os leitores, Dickens parecia falar aos desejos de bondade e justiça de muitos de seus contemporâneos; mal interpretando de modo malicioso a burguesia francesa, Flaubert dava voz às ansiedades de uma vanguarda literária e artística apavorada com o gosto da classe média; meio lamentando e meio afagando a decadência da aristocracia alemã, Mann oferecia compreensões perspicazes dos estragos causados por drásticas sublevações sociais. Mas quem recruta a ficção para ajudar na busca do conhecimento deve estar sempre alerta ao sectarismo do autor, às perspectivas culturais limitadoras, aos detalhes fragmentários oferecidos como fundamentados, para não falar nas obsessões neuróticas. É por isso que o leitor que trata um romance como uma obra rica em pistas de compreensões sociais, políticas e psicológicas deve sempre consultar uma segunda opinião.

3

Há um tipo de ficção realista que faz exigências particularmente rigorosas tanto a seu autor como a seus leitores: o romance histórico, em especial o tipo que inclui atores históricos em seu elenco de personagens. Adriano, Robespierre, Napoleão, Van Gogh, Bismarck, os dois Roosevelts, Stálin, até Elvis Presley — a lista é interminável — foram introduzidos em romances, quase sempre como protagonistas. Quando os escritores recrutam personalidades dessa envergadura como instrumento de seus entusiasmos ou aversões políticas, como têm frequentemente feito, seus romances produzem pouca sabedoria histórica nova, se é que produzem alguma sabedoria. Apenas dramatizam o que os leitores já aprenderam em outro lugar ou revelam a posição política de seu inventor.* Os autores dos romances históricos devem lutar entre a fidelidade a fatos biográficos indiscutíveis e os voos de sua imaginação literária. Por certo os leitores devem conceder aos romancistas alguma liberdade na invenção de conversas e pensamentos de seu protagonista, mas têm de permanecer estreitos os limites que os tolhem na hora de imaginar palavras e ideias para as quais têm quando muito uma autorização limitada. Se eles os violam, transformam um Bismarck ou um Van Gogh num instrumento de ideologia ou de fantasia, numa figura predominantemente fictícia que tem por acaso o nome de uma pessoa real e com ela de certo modo se parece.

Inventar a realidade é uma atividade exigente. É como completar um mosaico em que algumas peças estão faltando e outras são ilegíveis. Não há regra geral para determinar até que ponto as passagens fictícias são reconstruções legítimas, e até que ponto são pura fantasia. É claro que a liberdade de imaginar a conduta das pessoas reais que habitam um romance deve variar com o talento e a informação do escritor. Para os talentosos e bem informados, muito é permitido. Numa nota do autor a seu enorme e convincente romance sobre a Revolução Francesa, *A Place of Greater Safety* (1992), Hilary Mantel aponta candidamente: "Os acontecimentos do livro são complicados; assim, a necessidade de dramatizar e explicar deve ser aplicada uma contra a outra".[9]** Esse é o conflito

---

* Ver *A era dourada*, de Gore Vidal (2000), que torna central a visão há muito tempo desacreditada de que o presidente Roosevelt provocou o ataque japonês a Pearl Harbour. Nesse caso, o romance torna-se antes uma diatribe política do que uma ficção histórica "confiável".

** "O leitor talvez pergunte como distinguir o fato da ficção", ela acrescenta. "Uma regra um tanto precária: qualquer coisa que pareça particularmente improvável é provavelmente verdade." O argumento é divertido e, considerando os tempos agitados de que trata seu romance, não de todo implausível. Mas não pode ser tomado como regra geral (p. x).

que o romancista histórico deve resolver. Mantel faz o melhor que pode — o que é muito bom — para se manter fiel às datas, lugares e ao significado dos acontecimentos históricos e para derivar seus principais retratos — de Robespierre, Danton, Desmoulins, Marat — a partir do que ela conseguiu descobrir a respeito deles. Mas, seguindo os principais personagens em sua juventude e em suas relações íntimas, ela tinha de ir além do que conseguiu realmente verificar. E era nesses intervalos imaginários (que ela tomou o cuidado de não tornar imaginativos demais) que ela tinha de carregar o público. O teste que certifica que *A Place of Greater Safety* é bem-sucedido, não como romance, mas como um texto de história imaginada, é que um historiador especialista na Revolução Francesa consegue ler o livro sem se arrepiar.

Os leitores querem confiar nos escritores de ficção tanto quanto acham que querem confiar nos historiadores. A um preço mais elevado do que o que de hábito se imagina: a abominável corcunda de Ricardo III, que todo mundo pensa ter sido a causa última de sua maldade, deveria permanecer como um aviso contra a credulidade. Foi fabricada por um talentoso propagandista Tudor chamado William Shakespeare, mostrando de maneira bem incidental como invenções inteligentes têm um modo de se introduzirem clandestinamente em nosso senso do passado, como a ficção se torna "fato". Mas, assim como os leitores gostam de confiar nos escritores, de sua parte também os criadores de ficção querem ser, ou ao menos parecem ser, dignos de confiança. A carga sobre o romancista histórico realista para conquistar essa confiança é particularmente onerosa.

Um olhar para *Guerra e paz* pode servir para ilustrar o gênero e seus problemas. Mesmo como jovem devasso, Tolstói era um leitor ávido e de iniciativa própria, e quando, em 1865, lançou *1805*, que deveria se transformar em *Guerra e paz*, ele se preparou diligentemente. Estudou memórias, cartas, autobiografias, histórias e consultou arquivistas de grande conhecimento. Suas fontes principais foram histórias volumosas então na moda, a imensamente detalhada e popular *Histoire du consulat et de l'empire* (1845-62), de Adolphe Thiers, uma interpretação liberal do passado francês, que dava apoio à Revolução Francesa até o tempo do Terror e a Napoleão antes que ele se tornasse um enfatuado conquistador do mundo. Seus vinte volumes foram um tesouro para Tolstói, e ele o saqueou com liberalidade.

Em suma, ele tinha uma enorme quantidade de material histórico à disposição, grande parte totalmente embasada; por isso, muitas de suas páginas povoadas resistem ao escrutínio cético. Tolstói insistia realmente que podia documentar cada um dos acontecimentos que registrou até no mais ínfimo detalhe, uma reivindicação no mínimo duvidosa. Mais que isso, ele estava obcecado por uma teoria radical da história: os grandes homens são brinquedos nas mãos de forças que não reconhecem e que não poderiam ser superadas, ainda que as reconhecessem. A verdade não reside nos pronunciamentos pomposos das celebridades, mas nos ditos de camponeses humildes ou na conduta sábia de soldados grosseiros e honestos que deixam o espírito de sua terra falar por meio deles. Por isso, para Tolstói, Napoleão, a própria encarnação da vaidade a acreditar que suas ações mudavam as coisas, era um boneco patético nas mãos da história. Por isso, também, Tolstói remodelou o príncipe Kutuzov, o comandante-chefe russo durante a invasão francesa na Rússia em 1812, fazendo-o passar de cortesão a porta-voz inteiramente admirável da alma da Rússia.* A filosofia

---

* Tolstói tinha "o direito indiscutível", escreve Isaiah Berlin, em *O ouriço e a raposa* (1933), "de dotar [seus heróis] Pierre Bezukhov ou Karataev [o camponês sábio] de todos os atributos que ele admirava — humildade, isenção de cegueira buro-

da história de Tolstói, como ele a chamava, é uma perspectiva interessante, mas o que importa nesse ponto é que Tolstói permitiu que ela atropelasse algumas das informações à sua disposição. Se os fatos contradiziam sua tese, Tolstói sacrificava os fatos. Por mais aceitável que grande parte do romance seja como história dramatizada, as pessoas fariam bem em ler *Guerra e paz* como literatura.

4

Segue-se de tudo isso que qualquer um que avalie a evidência que um romance pode fornecer deve procurar conhecer não apenas a ficção em questão, mas seu criador e a sociedade desse escritor. Tomando emprestado de Kipling: o que sabem dos romances aqueles que conhecem apenas os romances? Para compreender o que a ficção tem para oferecer ao pesquisador, ele deve aprender o que a fez acontecer. É por isso que os ensaios que se seguem inserirão as ficções na literatura e na política de seu tempo, bem como no autor que lhes deu existência.

Há (para usar uma forma esquemática) três fontes principais de motivação: a sociedade, a arte e a psicologia individual. Não são compartimentos estanques; ao contrário, fluem um para dentro do

---

crática, científica ou de outros tipos racionalistas de cegueira. Mas Kutuzov era uma pessoa real, sendo ainda mais instrutivo observar os passos de Tolstói para transformar o cortesão astuto, idoso, voluptuoso e fraco, corrupto e um tanto bajulador dos primeiros rascunhos de *Guerra e paz*, que se baseavam em fontes autênticas, no símbolo inesquecível do povo russo em toda a sua simplicidade e sabedoria intuitiva". Uma vez completada essa transformação, "deixamos os fatos para trás e estamos num reino imaginário, uma atmosfera histórica e emocional para a qual a evidência é frágil, mas que é artisticamente indispensável ao desígnio de Tolstói. A apoteose final de Kutuzov é totalmente não histórica, apesar de todas as repetidas afirmações de Tolstói a respeito de sua devoção inabalável à causa sagrada da verdade" (p. 28).

outro, tornando o ato da criação literária um processo intricado. É apenas em conjunto, em proporções únicas, não de todo previsíveis, que eles produzem um retrato, uma estátua, uma tragédia — um romance. Apenas uma obra de terceira ou quarta categoria pode ser em grande parte explicada por uma única causa: um escritor de aluguel incitado pela demanda lucrativa de suas histórias; um épico sem vida, feito por meio de modelos superiores de que seu autor desavergonhadamente se apropriou; um primeiro romance amadorístico, pela compulsão de seu autor em regurgitar lembranças antigas. Para fazer literatura de alguma qualidade, a sublimação dos motivos íntimos exige maior exercício mental. Deve comandar a cooperação, com frequência eivada de conflitos, das causas que listei: a sociedade do romancista, a arte do romancista, a mente do romancista.

Nesse trio, a última — as fontes psicológicas da ação, que incluem os desejos e as ansiedades inconscientes — cumpre um dever duplo. Pois o que deve em última análise ter o maior impacto sobre o romancista não é apenas o que de fato acontece em sua cultura, mas como ele a elabora; não é apenas o que sua profissão de fato exige dele, mas como ele recebe ou remodela seus procedimentos canônicos. Isso talvez pareça de minha parte uma tentativa de impor uma leitura psicanalítica da obra de um escritor. Mas, embora eu simpatize, e na verdade esteja comprometido, com essa linha de interpretação, reconheço plenamente que ela não deixa de ter seus perigos. A possibilidade de promover ou obstruir a compreensão literária depende das reivindicações feitas em seu nome. Uma coisa é caracterizar *Silas Marner*, de George Eliot, como uma tentativa de compreender os traumas de sua vida[10] — o que, em parte, parece ter sido —; outra coisa completamente diferente é apresentar essa análise parcial do romance como uma interpretação suficiente, excluindo a necessidade de maior investigação. As leituras simples, unidimensionais, as freudianas inclusive, são suscetíveis de formulações pouco interessantes e mutiladoras a que chamamos desdenhosamente de "reducionismo".

5

Foi precisamente a acusação de reducionismo que os escritores modernistas começaram a dirigir contra o romance realista depois do fim do século XIX. Buscando técnicas que captariam as complexidades da natureza humana em funcionamento de um modo mais satisfatório a seus olhos do que Émile Zola ou Theodor Fontane haviam realizado, mestres como James Joyce, em *Ulisses*, Marcel Proust, em *Em busca do tempo perdido*, Virginia Woolf, em *Mrs. Dalloway*, e autores menores em seu campo passaram a experimentar com a sintaxe, com os pontos de vista, com os monólogos interiores e com transgressões ousadas contra o King's English e outras normas didáticas.

Esses inovadores também eram, claro, realistas à sua maneira; o romance realista nunca desapareceu. Mas eles expandiram o alcance daquilo que julgavam pertencer à realidade disponível aos criadores de ficção. Os velhos realistas também tinham afirmado compreender os motivos de seus protagonistas, mas sua exposição era em grande parte indireta, permitindo que os leitores deduzissem seus pensamentos a partir de ações. Em contraste, os novos realistas cavavam abaixo da superfície do comportamento. Assim como a mente do romancista é um elemento indispensável em qualquer exploração de sua obra, também a mente de personagens imaginários requer um escrutínio cuidadoso. Por isso, a segunda opinião a que seu público podia apelar era muito menos a da história que a da psicologia. Os velhos e os novos realistas pertencem ao mesmo universo literário, mas o que os divide é igualmente importante.

Nenhum romancista confrontou esse abismo com mais lucidez do que Virginia Woolf. Num famoso artigo, "Mr. Bennett e Mrs. Brown", que leu diante de amigos em 1924, ela advoga em favor do tipo de realismo que não se contenta com a superfície social dos personagens fictícios. Todo mundo conhece esse ensaio, ou pelo menos cita sua observação de que "em dezembro de 1910 ou por volta disso,[11] o caráter humano mudou". Ela menciona mudanças na "religião, conduta, política e literatura", mas é a última delas, a literatura, o que realmente a preocupa. Os principais realistas de seu tempo não a satisfaziam. Ela cita Arnold Bennett, seu principal alvo: "O fundamento da boa ficção é a criação dos personagens e nada mais" e concorda inteiramente com ele.

> Acredito que todos os romances [...] tratam do caráter dos personagens, e que é para expressar o caráter — e não para pregar doutrinas, cantar canções ou celebrar as glórias do Império Britânico — que a forma do romance, tão desajeitada, eloquente e pouco dramática, tão rica, plástica e viva, tem evoluído.

Mas a maneira de Bennett criar o personagem — ela critica — deixa de realizar o contrato que ele, por assim dizer, fez com seus leitores. Ela escolhe ao acaso um de seus romances, *Hilda Lessways*, e documenta sua afirmação: o criador da heroína epônima fala muito sobre a cidade que ela vê da janela, entra em detalhes sobre a casa em que ela vive e sobre o aluguel que a mãe paga. Essa — ela insiste — é a maneira errada, um realismo empobrecido, tolhido. Isso não quer dizer que ela veja os romances do século XIX como fracassos constantes. Houve grandes escritores como Tolstói, de cujo *Guerra e paz*, assim lhe parecia, "não há nenhum tema da experiência humana que tenha sido deixado de fora". Ela não está defendendo que um romancista deva ser modernista para satisfazer as demandas rigorosas de um realismo que é tão profundo quanto amplo.

Para o estudioso do realismo em Dickens, Flaubert e Thomas Mann, esse sensato planejamento é um alívio: podemos nos perguntar se Dickens, um dos maiores caricaturistas de toda a literatura, é tão perspicaz em relação à realidade humana quanto pensava ser. Como veremos, essa é uma questão difícil, pois no exagero há caminhos para a verdade. Mas, como as páginas que seguem vão demonstrar, com os autores de *Madame Bovary* (que Virginia Woolf inclui numa lista curta de grandes romances) e de *Os Buddenbrook*, não há dúvida. Bem como Dickens, eles dão muito trabalho ao historiador, em especial ao historiador que não tem medo de Freud.

1. O ANARQUISTA ZANGADO

Charles Dickens em *Casa sombria*

"Charles Dickens à escrivaninha com os personagens." Legenda original: "O autor Charles Dickens rodeado pelos seus personagens". De um desenho de J. R. Brown. Ilustração sem data. Corbis.

1

Se havia nos romances de Charles Dickens um momento crítico que era sua especialidade e que apelava infalivelmente aos dutos de lágrimas fáceis dos vitorianos, esse era a cena emocional da morte. E em *Casa sombria* ele deu cabo de vários personagens de maneiras particularmente satisfatórias. Há o jovem amável e obstinado Richard Carstairs, que morre de desgosto quando suas fantasias de riqueza rápida se evaporam. Há Lady Dedlock, a mãe da heroína, que é encontrada morta perto do túmulo do amante. Há Jo, o varredor de calçadas maltrapilho, iletrado, cuja morte dá a Dickens uma oportunidade de ouro para denunciar seus concidadãos desalmados. Mas nenhum desses rivaliza com a saída repentina de Krook, o dono grosseiro e mesquinho de uma loja miserável de sucata, que morre caindo na poeira. Essa morte peculiar não tirava proveito do amor do público leitor por umas boas lágrimas, mas de sua credulidade. O fim de Krook — Dickens esperava que seu vasto conjunto de leitores acreditasse — era um caso de combustão espontânea.

Ele não convenceu todo o seu público, e alguns céticos dentre seus leitores chegaram a publicar objeções. G. H. Lewes, um proeminente editor e crítico literário, além de, como companheiro de George Eliot, um íntimo do gênio, declarou que "a combustão espontânea é uma impossibilidade".[1] Em vez de deixar o assunto morrer por aí, ou admitir que se livrar de um personagem fictício dessa maneira fantástica era apenas uma fantasia literária divertida, Dickens defendeu-se energicamente. Em seu prefácio a *Casa sombria*, ele enfileirou especialistas do século XVIII para mostrar que cerca de trinta casos autênticos de combustão espontânea tinham sido registrados. "Não preciso observar", assegurou a seu público admirador, "que não enganei de propósito ou por negligência meus leitores, que antes de escrever aquela descrição me dei ao trabalho de investigar o assunto."[2] Que suas fontes eram tudo menos confiáveis não parece ter-lhe ocorrido. Quando pensamos nos realistas da ficção do século XIX, não pensamos primeiro em Dickens, mas ele queria que todos soubessem que tinha a realidade firmemente presa nas mãos.

Ele adotou a mesma posição firme ao justificar seu retrato de Nancy, a prostituta, em *Oliver Twist*. Quando Thackeray acusou Dickens de saber muito bem que "sua srta. Nancy é a personagem mais irreal e fantástica possível"[3] e que ele "não ousava dizer a verdade a respeito dessas jovens damas", Dickens replicou irascível num prefácio ao romance: "É inútil discutir se a conduta e o caráter da moça parecem naturais ou não naturais, prováveis ou improváveis, certos ou errados. SÃO A VERDADE".[4] Ele parecia supor que escrever com letras maiúsculas, como se estivesse gritando na folha impressa, podia substituir um debate racional. Havia alguma coisa em jogo nesse bate-boca: ao retratar uma prostituta com um coração de ouro, a ficção de Dickens corria o perigo de ser misturada com o gênero inglês popular de segunda categoria chamado romance Newgate, que idealizava os criminosos e transformava-os em bandidos heroicos. No entanto, mesmo que esse desprezo por associação não tivesse pairado sobre Dickens, ele teria defendido firmemente a verossimilhança dos personagens e seus destinos.

ELES SÃO VERDADEIROS.

De modo curioso, um personagem em *Casa sombria*, Harold Skimpole, sustenta a afirmação de Dickens de que suas ficções eram construídas a partir de fatos. Embora não seja um personagem central — alguns resenhistas o consideraram arrastado gratuitamente para dentro da história —, Skimpole, como todos os demais no romance, é uma peça necessária para a trama. Ele é um grande parasita, sempre se dizendo uma criança que só vive para a poesia e para a música e para quem o dinheiro nada significa. Vive à custa de outras pessoas que, de tão encantadas por sua conversa animada, se dispõem a fazer vista grossa à sua exploração inescrupulosa dos amigos e da família.

Alguns leitores elegeram Skimpole como um dos personagens mais "deliciosos" de Dickens, mas pessoas de seu círculo de amizades logo reconheceram o retrato como uma caricatura brutal de Leigh Hunt. Poeta agradável, ensaísta liberal e dramaturgo prolífico, a principal contribuição de Hunt às letras inglesas do século XIX foi seu trabalho como editor. Ele conhecia todos no universo literário e lançou muitas reputações em seus periódicos, inclusive a de Keats. Estava sempre sem dinheiro, por causa da família grande, da esposa alcoólatra e da renda magra que lhe davam as revistas. O narcisista malévolo que Dickens inventou para *Casa sombria*, porém, era o oposto completo de Hunt em quase todos os aspectos, exceto pela falta de dinheiro. Como uma concessão de menor importância, Dickens instruiu o ilustrador de *Casa sombria*, Hablot K. Browne ("Phiz"), para desenhar Skimpole como um homem baixo e atarracado: "Singularmente diferente do grande original",[5] pois Hunt era alto e esbelto. Mas esse disfarce era muito superficial para enganar alguém na turma de Dickens e Hunt.

Certamente, Dickens estava seguro de ter captado a essência de Hunt com absoluta precisão. Numa carta confidencial de setembro de 1853 a uma amiga, a sra. Richard Watson, ele se vangloriou de seu retrato de Skimpole: "Acho que ele é o retrato mais exato que já foi pintado com palavras! Muito raramente consegui, se é que já consegui, fazer algo assim. Mas a semelhança é espantosa. Não acho que ele poderia ser mais como ele mesmo". Anunciou que não faria mais desses retratos, mas em Skimpole "não há um átomo de exagero ou supressão. É a reprodução absoluta de um homem real. Claro que tive o cuidado de manter a figura exterior distante dos fatos; mas em tudo o mais é a própria vida".[6] Cerca de seis semanas mais tarde, reafirmou seu empréstimo da vida numa carta a um magoado Hunt: "Todo mundo ao escrever deve falar a partir da própria experiência, e assim falei a partir da minha com você".[7]

Qualquer que possa ter sido a causa do ressentimento de Dickens, sua consciência acabou por golpeá-lo. Escrevendo a Hunt no início de novembro de 1854, ele claramente negou o que antes havia claramente afirmado. "O personagem não é você, pois há nele traços comuns a cinquenta mil outras pessoas, e não imaginei que você o reconheceria."[8] Numa palavra, sentindo-se culpado do tratamento selvagem que dera a seu velho amigo, ele não conseguiu pensar em nada melhor do que mentir. Ao menos nessa ocasião, sua pretensão de ser um realista fiel tinha até mais substância do que imaginava.

2

Mas para Dickens o realismo não era sinônimo de literalismo. Começando com a cena de abertura de *Casa sombria*, com sua famosa evocação do *fog* londrino, ele recrutava um fato notório da vida metropolitana como uma metáfora para expressar uma ideia política. "Londres. Os festejos de São Miguel recém-terminados" — essa é a primeira frase do romance — "e o lorde Chancello sentado no salão do Lincoln's Inn..." Depois, num salto aparente: "*Fog* por toda parte. *Fog* rio acima... *fog* rio abaixo, onde rola corrompido entre as fileiras de navios e a poluição das margens de uma cidade grande (e suja)".[9] Essas duas realidades não são distintas: descrevem um único fenômeno. Se ainda restasse alguma dúvida, Dickens a elimina prontamente: "No próprio âmago do *fog* está o supremo lorde Chancellor na sua Suprema Corte de Chancery".[10]

Leitores sérios de *Casa sombria* reconheceram há muito tempo que Dickens deu ao *fog* conotações muito mais amplas que seu significado habitual. Era um comentário mordaz sobre a rigidez irracional, o obscurantismo proposital, que a corte de Chancery encarnava para ele e que ele via se espalhar por Londres como uma praga. E, embora isso seja menos evidente do que parecerá no desenrolar do romance, a própria corte é um duplo de um dos vilões favoritos de Dickens, a lei. "A lei", diz o sr. Bumble em *Oliver Twist*, "é um asno — um idiota."[11] O Dickens de *Casa sombria* intensificou essa avaliação negativa: a lei era pior que estúpida, era malévola.

Dickens nunca foi sutil em seu simbolismo. Com as chaminés de Londres expelindo partículas mortais da queima do carvão em fogões e lareiras, o *fog* era bastante real. Mas a tristeza impenetrável, as emanações letais, a onipresença intermitente do *fog* serviam idealmente à intenção do escritor de apontar o dedo para males maiores — males que Dickens, o reformador intuitivo e impetuoso, estava determinado a desmascarar, e, em seus momentos mais ambiciosos, até a erradicar. O *fog*, na verdade, já lhe tinha prestado serviços antes. Em novembro de 1850, ele havia escrito um artigo na *Household Worlds*, a revista que ele lançara tempos antes naquele mesmo ano, no qual ele o empregava abertamente como uma metáfora de grande força. "A sra. Bull e sua crescente família estavam sentadas ao redor do fogo certa noite de novembro, na penumbra, quando tudo era lama, névoa e escuridão no lado de fora, e uma boa quantidade de *fog* havia até entrado na sala da família."[12] Infelizmente aquela sala não era à prova de *fog*, embora os Bull tivessem um excelente ventilador sobre a lareira. Seu nome: "Bom Senso". Nada podia ser mais óbvio.

Há mais de um modo de começar um romance. Seu autor pode mergulhar na ação introduzindo o protagonista. "Chamem-me Ishmael", lembramos de *Moby Dick*. "Por muito tempo costumava ir para a cama cedo" é a maneira de Proust desencadear o rio serpentino de seu romance. "Se devo vir a ser o herói de minha própria vida, ou se essa posição será ocupada por outra pessoa, estas páginas devem mostrar" é como Dickens introduz *David Copperfield* e David Copperfield, tanto o romance como seu protagonista. Mas não em *Casa sombria*. O romance não começa com indivíduos — não podemos contar o lorde Chancello como uma pessoa; ele é uma figura de proa ataviada com as vestes da autoridade —, mas com os palcos públicos sobre os quais Dickens desdobrará seu drama: a corte de Chancery e seu pano de fundo maior, a cidade que ela desonra. Ele entra sem demora no coração do tema para seus personagens, que também considera um grande tema para seu país: o abuso da autoridade, a demora da lei. Pairando sobre todos os personagens do romance está um enrosco legal, aparentemente imortal, "JARNDYCE E JARNDYCE".[13]

Em suma, o leitor é levado a sentir com todos os detalhes dolorosos a pressão que as forças sociais exercem sobre os indivíduos. Dickens apresenta o micro e o macro, a interação dos destinos pessoais e das questões sociais, com uma rapidez impaciente. O romance, tão povoado como uma grandiosa ópera do século XIX com suas estrelas e sua abundância de carregadores de espada, é (apesar de tudo o que seus detratores disseram) belamente controlado. Cada personagem, principal e secundário — até, como dissemos, o sr. Skimpole —, contribui para a trama. E o *fog* de Dickens dramatiza a presença difusa da sociedade, que afeta profundamente, e muitas vezes escraviza de modo permanente, suas vítimas.

O sr. Jarndyce, da infeliz família enredada na ação que leva seu nome, pode em parte se elevar acima do caso. Como um cavalheiro filantrópico que passa os dias ajudando os menos afortunados, ele acaba sofrendo menos do que os prejudicados pobres pelo caso interminável. Os jovens tutelados em Chancery, a bela Ada e seu amado Richard, dois que Jarndyce virtualmente adota, não têm um destino assim tão ameno. Os dois se apaixonam e casam em segredo, mas Richard, junto com tantos outros que se encontram nas garras da corte, fica viciado em seu processo. Desafiando toda e qualquer evidência, ele se recusa a vê-lo como uma miragem mentirosa a seduzi-lo e constrói um reino de fantasia em que o caso será prontamente resolvido, para sua grande vantagem financeira. As súplicas afetuosas e cada vez mais desesperadas de Ada não conseguem demovê-lo de sua ilusão, e ele morre quase literalmente de *Jarndyce e Jarndyce*.

Outros apanhados na teia da corte também sofrem acessos recorrentes de vivacidade irracional. Krook, aquele da combustão espontânea, parece distante da confusão Jarndyce, mas tem documentos que ele acha que poderiam lhe ser lucrativos no caso. Entre os personagens mais marginais, talvez o mais triste seja uma louca idosa, bem-educada e patética, a srta. Flite, que assiste fielmente a toda sessão da corte, predizendo para qualquer dia, a todos os que quiserem ouvir, um resultado favorável de seu processo para qualquer dia. Há outros quebrados pela lei, destruídos por esperanças que teriam tido — em circunstâncias normais — todo o direito de acalentar. Mas, Dickens insiste, a corte de Chancery é totalmente incompatível com circunstâncias normais.

Sem dúvida, como todos esses casos, *Jarndyce e Jarndyce* beneficia alguns dos participantes nesse jogo cruel: os advogados. Estes prosperam à custa de seus infelizes clientes despertando expectativas que sabem muito bem que a corte jamais satisfará — os advogados e causídicos estão entre as presenças mais deprimentes em *Casa sombria*. Enfim, depois de anos e até décadas, quando um caso é afinal resolvido, acontece frequentemente que não sobra nada para os herdeiros; todo o patrimônio terá sido absorvido pelos custos — isto é, absorvido pelos honorários dos advogados. Outros no romance, como o sr. Snagsby, o nervoso, tímido e compassivo dono da papelaria que fornece toda a parafernália necessária para o exercício da profissão de advogado, lucram de um modo muito mais modesto. Ainda assim, Snagsby também será arrastado para o panorama povoado que deslumbrava os leitores de Dickens em 1852 e 1853, fascículo após fascículo a cada mês. Snagsby emprega homens que têm uma letra legível para fazer cópias para seus clientes, e um desses é um redator de leis indigente, silencioso, enigmático, que logo morre e parece desaparecer da narrativa. Mas será revelado que ele tinha uma ligação muito íntima com outra esfera da sociedade inglesa, tão distante do círculo do sr. Jarndyce a ponto de parecer fora do alcance, quanto mais passível de intimidade.

Pois *Casa sombria* se move em dois mundos, e Dickens não demora em apresentar a seus leitores o segundo desses mundos. O capítulo "Na moda" vem logo depois do primeiro, "Em Chancery". Descreve sir Leicester Dedlock, baronete, no final de seus sessenta anos, com uma consciência de classe muito forte, intelectualmente limitado, um tanto pomposo, aflito por ver a velha Inglaterra que ele ama ser subvertida pelos assim chamados reformistas. No entanto, ele é sinceramente ligado à esposa, lady Dedlock, ao menos vinte anos mais jovem que o marido, ainda bela, infalivelmente elegante, distante, contida e visivelmente entediada. O casal se move inquieto de sua propriedade no campo para a casa na cidade e de volta da cidade para o campo, ou foge para Paris em busca de entretenimento, acompanhado de parentes e parasitas, todos eles ricos ou de renda muito reduzida, medonhamente elegantes.

É evidente que Dickens não teria alicerçado seu romance em duas esferas sociais tão separadas se não tivesse planejado uni-las de algum modo. E, muito mais do que o obscuro redator de leis a quem os leitores apenas podem vislumbrar, é a protagonista, Esther Summerson, que une os dois mundos. Significativamente, Dickens a introduz como a narradora do terceiro capítulo do romance, fechando o círculo. Como Ada e Richard, ela é também uma órfã que o generoso sr. Jarndyce convida a viver em sua casa. Por fim, será revelado que ela é a filha ilegítima de lady Dedlock, e que seu pai é o redator de leis. Como narradora de 33 dos 67 capítulos do romance, ela tem o privilégio de conhecer e observar de perto quase todo mundo em *Casa sombria* e participa do progresso de sua narrativa retorcida. Ao contrário das heroínas de vários outros romances de Dickens, ela é ativa; até, com toda a devida modéstia, cheia de opinião. Sobrevive a maus-tratos, desapontamentos e doenças, e acabará se casando com Allan Woodcourt, um jovem médico idealista que se preocupa mais com seus pacientes do que consigo mesmo. É a interação das duas esferas e o desenvolvimento de Esther Summerson até a merecida felicidade conjugal, com *Jarndyce e Jarndyce* sempre avultando como uma presença gigantesca, que estão no âmago de *Casa sombria*.

Muitos leitores acharam Esther Summerson um obstáculo para o pleno desfrute do romance. Ela é simplesmente perfeita demais para ser humana. É dedicada, discreta, modesta, amorosa, diligente, bonita, extraordinariamente perspicaz. "Sempre tive um modo bastante aguçado de notar as coisas",[14] ela confessa quando se apresenta. Não alimenta maus pensamentos, nem sequer contra aqueles que a maltrataram. Ela logo encanta todo mundo que conhece: trabalhadores rudes e suas esposas oprimidas, os da pequena nobreza, os doentes, os excêntricos, os loucos e, claro, as crianças. Embora inexperiente e não treinada, ela é uma dona de casa criativa e confiável para o sr. Jarndyce, fazendo ressoar com importância seu molho de chaves, supervisionando os suprimentos, regulando as despesas. Talvez não surpreendentemente, seu guardião mais velho apaixona-se por ela e propõe casamento, um convite a uma quietude doméstica monótona que não seria perturbada por excitamento sexual que ela gratamente aceita, mesmo amando outra pessoa. Incapaz de apreciar de todo suas muitas virtudes, ela tem de ser forçada a declarar sua verdadeira preferência, depois que o sr. Jarndyce recobra o juízo e a entrega a Woodcourt. "'Allan', disse meu guardião, 'receba-a de minhas mãos, um presente voluntário, a melhor esposa que um homem já teve."[15] Só o que ele deseja do futuro casal é um convite ocasional para frequentar a casa, que também lhes é dada por ele. "Deixem-me partilhar sua felicidade de vez em quando, o que tenho a perder? Nada, nada."[16] Esse é o tipo de passagem que faz até um leitor leal de Dickens se arrepiar.

É simplesmente virtude demais para amontoar sobre um único mortal; essas criaturas puras só existem nas fantasias de homens que nunca superaram a visão infantil da mãe como uma madona e que carregaram essa idealização para a vida adulta. Sem dúvida, alguns resenhistas contemporâneos se encantaram com a doçura de Esther. John Forster — dificilmente uma testemunha imparcial por ser o amigo mais próximo de Dickens — admirava em especial as primeiras partes da narrativa de Esther: "Das passagens mais encantadoras que o sr. Dickens já escreveu — na verdade, algumas das melhores coisas no livro".[17] Outros vitorianos, de mente mais prática, não lhe davam importância — *havia* muito mais homens e mulheres de mente prática entre os vitorianos do que se costuma pensar. G. H. Lewes listava Esther

Summerson entre os "fracassos monstruosos"[18] de Dickens. Um resenhista anônimo na *Spectator*, sem paciência com o desfile de suas admiráveis qualidades, também objetava: "Uma moça dessas não escreveria suas memórias e certamente não entediaria ninguém com sua bondade até surgir um desejo malicioso de que ou faria algo muito 'picante', ou se ateria a supervisionar os potes de geleia na Casa Sombria".[19] Outro, em *Bentley's Miscellany*, achava-a, assim como ao sr. Jarndyce, completamente irreal e discordava, com bastante sensatez, do modo como seu guardião a entrega a Woodcourt: "Não sabemos se nos espantamos mais com ele, que a transfere, ou com ela, que é transferida de um para o outro como um pacote de mercadorias".[20]

Alguns críticos recentes têm igualmente declarado que a "falsa modéstia" dela é muito "tediosa". E é verdade que os admiradores mais apaixonados de Dickens sentiram-se compelidos a reconhecer que seu *páthos* — ações altruístas implausíveis, cenas de morte prolongadas e de cortar o coração, a generosidade confortável dos filantrópicos — degenera muito frequentemente em sentimentalismo. Ainda assim, mesmo que alguns contemporâneos de meados da era vitoriana tenham antecipado a reserva que o século XX demonstrou para com Esther Summerson, houve uma mudança de respostas emocionais de sua época para a nossa. O que tem impressionado leitores de nosso tempo como algo involuntariamente engraçado em Dickens muitos de seus contemporâneos achavam muitíssimo comovente. Lendo sobre os últimos minutos de Jo sobre a terra, eles, como Oliver Twist, pediam mais. O famoso gracejo de Oscar Wilde, de que se deve ter um coração de pedra para ler a morte de Little Nell na *Loja de antiguidades* e não rir, era mais do que um típico dito espirituoso perverso: sinalizava o surgimento de uma nova sensibilidade pós-vitoriana mais cínica. Os personagens em *Os Buddenbrook* são alheios a essa sentimentalidade, e o único personagem em *Madame Bovary* que exibe todos os seus sintomas paga por isso.

3

Ao ler sobre Esther Summerson, esse modelo de perfeição, é preciso lembrar que ela não foi uma protagonista isolada ou pouco característica na obra de Dickens. Tinha uma irmã em Agnes Wickfield, a heroína de *David Copperfield*, o romance imediatamente anterior a *Casa sombria*. A personagem de Agnes diz muito sobre Esther Summerson, sobretudo porque muitos dos leitores de Dickens — certamente este leitor — consideram *Copperfield* seu melhor romance, um julgamento que Dickens partilhava: ele o chamava de seu "filho favorito".[21] É um *Bildungsroman* inglês que, em especial em sua primeira metade, lembra extraordinariamente a própria juventude do autor. Relata a vida de um escritor próspero desde o nascimento até os trinta anos, feliz no casamento e um pai feliz — um desfecho que Dickens gostava de providenciar para seus heróis e heroínas apesar de que (ou, antes, porque) seu casamento fosse muito infeliz. Agnes é a segunda esposa de Copperfield, depois de um breve casamento com Dora, uma jovem atraente e infantil que morre de modo providencial para dar lugar à sua sucessora, que foi a afetuosa "irmã" do protagonista desde a infância e que é seu par predestinado. David Copperfield precisa amadurecer, educar seu coração, antes de poder verdadeiramente avaliar o tesouro que possui em Agnes.

Desde o início, os traços angélicos de Agnes irritaram alguns dentre o imenso público de Dickens. Os críticos o acusavam de produzir uma mera nulidade, uma boneca vitoriana sem a menor individualidade. Alguns chamavam Agnes de "detestável". Até John Forster, que quase invariavelmente lhe dava apoio, admitiu em sua biografia de Dickens que preferia Dora, "a amorosa esposa infantil" de Copperfield, a Agnes, com sua "sabedoria infalível demais e sua bondade plena de autossacrifícios".[22] E, no século XX, George Orwell, num ensaio apreciativo sobre Dickens, deu quase a palavra final sobre esse modelo de mulher. Agnes, escreveu, era "a mais desagradável de suas heroínas, o verdadeiro anjo sem pernas do romance vitoriano".[23] Depois de um veredicto tão devastador, tão categórico, que esperança ainda resta para uma apelação?

Parte dessa acusação tem seu mérito. É verdade que a pessoa que persiste em considerar Agnes um anjo é David Copperfield, um personagem fictício. Mas há todos os sinais de que Dickens subscrevia as palavras de adoração que inventava para seu protagonista. Vimos isso mais de uma vez: o personagem de nuances sutis não era seu forte; ele descobriu que o ímpeto de simplificar, exagerar, caricaturar era demasiado sedutor. Seus vilões são tão vis, não apenas nas ações, mas também na aparência, que o leitor quase espera encontrar pingos de sangue na página. Quando tratava de tipos humanos que detestava — pregadores sectários, hipócritas grandiloquentes, autoridades sádicas —, ele os satirizava de tal modo que os rebaixava a meros libelos panfletários. Não é de admirar que Henry James, o mais sutil de todos os escritores, tivesse fortes reservas sobre Dickens, a seus olhos "o maior dos romancistas superficiais".[24] Sir Leicester Dedlock, em *Casa sombria*, é uma rara e agradável surpresa: depois que a esposa foge quando seu passado negro está prestes a ser revelado, esse aristocrata enfadonho, reacionário, de cabeça oca revela-se um homem de autêntica decência. Ele se recusa a pensar mal da mulher que o abandonou e continua a esperar — sabemos que em vão — que ela retorne para seus braços. Mas, na maior parte, há anjos e demônios nos romances de Dickens, ou, para dizer de forma menos dramática, personagens inteiramente benévolos e inteiramente malévolos.

Mas, apesar de toda a veia melodramática de Dickens, quero

apresentar dois argumentos em favor de Agnes: um psicológico, outro cultural. A mãe de Agnes tinha morrido ao dar à luz a menina, e o pai, um advogado encantador e de vontade fraca, dado a afogar as tristezas na bebida, relembra continuamente essa calamidade, esse incidente fatal de sua vida e da vida da filha. Podem-se predizer com segurança os efeitos dessas lembranças desprovidas de tato. Agnes vive todos os dias sob a acusação do pai, mesmo que ela não soe recriminadora, apenas lastimosa. E as crianças estão fadadas a tomar sobre si mesmas qualquer discórdia familiar. Elas se sentem responsáveis, até culpadas, quando os pais brigam, e, pior, quando a mãe morre de parto, especialmente quando a criança foi o agente de tal morte. Em poucas palavras: Agnes Wickfield é declarada culpada de assassinar a mãe.

Por isso, quando o pai propõe tomar como parceiro seu escrivão, o repulsivo, bajulador e faminto de poder Uriah Heep, pois caíra sob sua influência nociva, Agnes confidencia ao "irmão" David que, reprimindo suas apreensões aflitas, ela o aconselhara a levar adiante seu plano. A razão? Um fiapo de esperança de que esse gesto daria a ela "mais oportunidades" de ser a "companheira" do pai. Ela começa a chorar — é a primeira vez que ele a vê perder o controle:

> Quase sinto como se tivesse sido a inimiga de papai, em vez de sua filha amorosa. Pois sei como ele mudou por causa de sua dedicação para comigo. Sei que estreitou o círculo de seus apoios e deveres, concentrando toda a sua mente em mim. Sei que foram muitas as coisas de que se afastou por minha causa, e que os pensamentos aflitos a meu respeito lançaram sombras sobre sua vida e enfraqueceram sua força e energia, por girá-los sempre sobre uma única ideia. Se eu pudesse remediar tudo isso! Se pudesse levar a cabo sua recuperação, assim como tenho sido inocentemente a causa de seu declínio![25]

É uma fala pungente, observada com acuidade. O pai, com pena de si mesmo e à guisa de concentrar a atenção na filha única, totalmente absorto em si mesmo, convenceu Agnes de que fez todos os sacrifícios apenas por causa dela. Ao lhe dizer, ainda que delicadamente, que ela foi "a causa de seu declínio", ele insinua que cabe a ela remediar as coisas — um trabalho de Sísifo. Ser totalmente negligenciada teria sido menos nocivo para Agnes do que tamanha solicitude. Ela era tão inefavelmente boa, numa palavra, porque temia ser inexprimivelmente má.

Meu argumento em favor de Agnes tem igualmente uma dimensão cultural, pois é essencial lembrar que Dickens não revelava, nem pretendia revelar, as atitudes que as respeitáveis mulheres vitorianas tinham para com a experiência erótica. Elas estavam longe de ser as criaturas assexuadas de que têm sido tradicionalmente acusadas. Sem dúvida, havia uma pudicícia difundida, muito subterfúgio envergonhado sobre os prazeres e os riscos de Eros entre os burgueses vitorianos. Mas havia também jovens mulheres da classe média que entravam no casamento como criaturas apaixonadas, ou aquelas que logo aprendiam a competir com o marido no desfrute da relação conjugal, da qual só tinham impressões vagas — com frequência muito erradas — durante seus anos virginais. As piadas intermináveis sobre o marido frustrado do século XIX e sua esposa frígida têm algum fundo de verdade. Mas não documentam uma cultura burguesa num estado contínuo de mal-estar sexual. Dado todo o segredo sobre a vida sexual nos romances de Dickens, seria perdoável ao leitor supor que seus pares casados produzissem filhos por meio de partenogênese ou osmose. Mas esse humor é ao mesmo tempo barato e enganador; iguala o silêncio público com a ansiedade e com os sentimentos de culpa. Os vitorianos levaram ao extremo a obsessão da classe média pela privacidade e acreditavam que o quarto de dormir, no qual seus segredos profundamente pessoais eram encenados, devia permanecer fora dos limites dos olhos indiscretos. Mas é um grave erro de leitura de quaisquer evidências remanescentes acreditar que os casais burgueses vitorianos não praticassem livremente, ou não apreciassem enormemente, aquilo de que não falavam.

Essas considerações se aplicam plenamente a Esther Summerson. Disse que ela e Agnes Wickfield são irmãs; poderiam ter sido gêmeas. Assim como Agnes, Esther sofrera uma infância de culpas. A guardiã que a criou, a quem ela chamava de "madrinha" e que, vai-se saber depois, vem a ser a irmã de sua mãe, é inteiramente devota — vai à igreja três vezes nos domingos e a orações matinais duas vezes por semana — e inteiramente sombria. "Ela era uma mulher boa, boa!", lembra Esther.

> Era bonita; e, se sorrisse, teria sido (eu costumava pensar) semelhante a um anjo — mas ela nunca sorria. Era sempre grave e rigorosa. Ela própria era tão boa, eu pensava, que a ruindade das outras pessoas a fez franzir as sobrancelhas durante toda a vida.[26]

Infelizmente, as "outras pessoas" cuja ruindade essa "mulher boa, boa" considerava um motivo para franzir o sobrolho incluíam proeminentemente sua protegida. Num dos aniversários de Esther, a madrinha piedosa exclama: "Teria sido muito melhor, pequena Esther, que você não fizesse aniversário; que você não tivesse nascido!". Ao ouvir essa declaração, Esther irrompe em lágrimas e implora de joelhos que a madrinha lhe conte alguma coisa sobre a mãe. "O que", pergunta, expressando a sua convicção infantil de que de algum modo tudo é culpa sua, "o que fiz a ela?" Sombriamente, a madrinha se abranda depois de algum tempo. "Sua mãe, Esther, é sua desgraça. E você a dela." E aconselha a "infeliz garota" à sua frente, "órfã e aviltada desde o primeiro desses péssimos aniversários", a esquecer a mãe. Depois, como se isso não fosse o bastante, acrescenta: "Submissão, abnegação, trabalho diligente são os modos de se preparar para uma vida iniciada com tal sombra sobre si. Você não é como as outras crianças, Esther, porque você não nasceu, como elas, em pecado e ira comuns. Você é diferente".[27] Dificilmente um cumprimento bem-vindo pelo aniversário.

Chorando, Esther se retira para o quarto e conta à boneca, com quem não tem segredos, o que aconteceu. E decide: "Tentarei da melhor forma possível reparar a falha com que nasci (da qual eu confessamente me sentia culpada e ainda assim inocente) e me esforçarei ao crescer para ser diligente, alegre e bondosa, fazer algum bem a alguém e conquistar um amor se possível".[28] Precisamente como Agnes, ela tinha a intenção de reparar suas faltas, mesmo que, qualquer que fosse sua opinião, elas não fossem suas. Gostaria de acrescentar que, no final do romance, Esther saboreia uma espécie de vingança gentil contra sua querida Ada, embora disso não pudesse ter consciência. Pois Ada, ainda sua amiga mais íntima, permaneceu viúva, enquanto ela, Esther, está há sete anos casada e feliz. Tem duas filhinhas, enquanto Ada tem um filho, chamado Richard em homenagem ao pai, mas nenhum marido.

Não se sabe ao certo se Dickens tinha consciência de sua própria perspicácia psicológica. Se não, sua percepção dos motivos mais profundos de Esther (e de Agnes) é fantástica. Esther, a jovem criminosa, cresce atormentada por sentimentos intimidadores de vergonha e remorso, espantada de que alguém pudesse gostar dela, quanto mais amá-la, disposta a depreciar sua aparência e inibida muito além da timidez que a moralidade da classe média considerava normal para as jovens de sua classe. Internalizando em grande parte a visão que o mundo tem de sua pessoa — e por anos a "madrinha" é seu mundo —, ela recusa enraivecer-se contra esse mundo, mesmo que ele a tenha tratado tão mal.

É por isso que, um pouco contrafeita, concorda em se casar

com John Jarndyce, mesmo que, como sabemos, ela, em silêncio, deseje outra pessoa, e que o futuro marido tenha quase três vezes sua idade. O tributo que seus primeiros anos exigiam de Esther Summerson era exorbitante. Nesse ponto, ela é mais uma vez muito semelhante a Agnes. Pois também Agnes, ainda mais persistentemente que Esther, guardou no peito seu desejo mais caro: tornar-se a esposa de David Copperfield. Só depois que ele a pede em casamento é que ela lhe conta que o amou a vida inteira. Tudo isso, sem falar dos milhares que clamavam pelos fascículos mensais dos romances de Dickens, ajuda a explicar a virtude imaculada que muitos dos leitores mais sofisticados de Dickens consideraram desagradável, improvável, totalmente alheia à natureza humana. Prefeririam imensamente a calculista Becky Sharp de Thackeray ao modelo de perfeição Esther Summerson. De fato, até Dickens, esse escritor muito comprometido com a respeitabilidade, podia sair às vezes do padrão: os hábitos sociais vitorianos prescreviam virtualmente que o homem tomasse a iniciativa ao pedir a mão de uma mulher. Mas ele faz Florence Dombey, em *Dombey and Son*, pedir a Walter Gay que se case com ela. É um raro momento em Dickens, e por certo não é um gesto que Esther ou Agnes teriam sequer imaginado.

4

Dickens sempre teve razões pessoais imperiosas para idealizar suas heroínas. Há algumas pistas interessantes que apontam para suas relações problemáticas com as mulheres, a começar pela mãe. É claro que relações problemáticas com mulheres têm sido uma experiência comum entre os homens desde que Adão foi induzido ao pecado por Eva. Mas os sentimentos conflitantes e nunca resolvidos de Dickens sobre esse tema carregado merecem atenção especial, pois emergem, transfigurados, em suas mulheres angélicas.

Todos os biógrafos de Dickens, ansiosos ou hesitantes para empregar a psicologia na compreensão de sua vida íntima, têm se contentado em lutar com as mesmas evidências escassas. Mas é com os sentimentos a respeito da mãe que eles necessariamente começam. Elizabeth Dickens era bonita, afável, de aparência jovem para sua idade, observadora do mundo ao redor, competente em administrar a casa, mais competente de fato que seu frágil marido. Ela ensinou o filho mais velho a ler e estimulou sua imaginação sensível. Não é surpreendente, portanto, que os documentos que ainda existem — cartas particulares e relatos de observadores próximos da família Dickens — sugiram que, em troca, seu filho famoso a tratava em geral com respeito extremado, um tanto condescendente.

Mas um incidente notório minou seus sentimentos amorosos. O jovial e irresponsável John Dickens — Charles Dickens o pintaria num retrato afetuoso como o sr. Micawber em *David Copperfield* — não conseguia administrar seus negócios, cada vez mais deteriorados, e, com contas vencidas e sem nada mais para penhorar, ele acabou na prisão dos devedores. Carentes de alguma renda, John e Elizabeth Dickens mandaram sem hesitar o garoto Charles de doze anos para trabalhar numa loja de graxa para sapatos, onde tinha a tarefa de colar rótulos. Ele ficou arrasado com a ânsia de seus pais por submetê-lo a esse martírio e com o aparente colapso de suas fantasias ambiciosas sobre o futuro. O pior ainda estava por vir. Numa declaração autobiográfica que escreveu em meados da década de 1840, publicada pela primeira vez postumamente na biografia de John Forster, Dickens relatou que vários meses mais tarde o pai quis que ele parasse de trabalhar e fosse para a escola, uma medida a que a mãe se opôs. O fragmento registra sua raiva perene, rancorosa, ainda viva um quarto de século depois:

"Jamais esqueci afinal, jamais esquecerei, jamais posso esquecer que minha mãe queria me mandar de volta".[29]

Não é de admirar que os estudiosos de Dickens tenham se agarrado a essa frase e descoberto seus ecos nas caricaturas mordazes de mães indignas. Para eles, o exemplo mais claro é a sra. Nickleby em *Nicholas Nickleby*: esnobe, presunçosa, ingênua, cheia de maus conselhos, sem nem a metade da inteligência que supõe ter. É difícil saber se essa especulação é justificada; Dickens raramente revelava as fontes de seus personagens na vida real. Mas fixar-se nessa personagem imaginada e em outras ameaças semelhantes, à custa de fontes emocionais mais profundas para Esther e Agnes, é deixar de ver a pura complexidade das atitudes de um menino para com a mãe. Em sua ambivalência — mais fortemente marcada, creio eu, do que em almas menos sensíveis —, a insistência em ressuscitar a mãe ideal na figura de jovens beldades impecáveis deve ter sido esmagadora. Ele queria encontrar meios de lembrar sua mãe assim como David Copperfield gostava de lembrar a mãe *dele*: jovem, cheia de vida, bonita, amorosa e (o pai tendo felizmente morrido) toda sua.

O amor estranho e duradouro de Dickens por sua cunhada, Mary Hogarth, sublinha a necessidade de mulheres idealizadas em sua vida. Mary, uma das irmãs mais moças de Catherine Hogarth, que passava muito tempo com ela e com o novo cunhado, era por todos os relatos, não apenas de Dickens, uma verdadeira sedutora: muito bonita, cheia de vitalidade e interesse pela vida, inteligente, bem à vontade com aquela estrela literária em ascensão — o cunhado — e nem um pouco apaixonada por ele. "Ela não tinha nem um único defeito",[30] escreveu Dickens, recordando. Depois, aos dezessete anos, não demonstrando nenhum sinal de doença no dia anterior, ela morreu de repente, nos braços do cunhado. Ele ficou arrasado: viu-se incapaz de escrever e adiou um número mensal de *As aventuras do sr. Pickwick*; guardou toda e qualquer lembrança que a trouxesse à memória; queria ser enterrado no túmulo dela; sonhou com ela noite após noite por meses, e ainda sonhava com ela décadas mais tarde. Quando, sete anos depois da morte de Mary Hogarth, ele conheceu por acaso uma jovem que se parecia com a moça que tinha perdido, interessou-se muito por ela. Mas não deixou de pensar em Mary; nunca resolveu completamente seu luto por ela. Uma paixão estranha que, por definição, estava fora de seu alcance, uma idolatria secular a que ele não conseguia renunciar. Assim, o pesar interminável gerou a melancolia, um dos estados de espírito predominantes em Dickens. Agnes Wickfield foi sua primeira tentativa de trazê-la de volta à vida; Esther Summerson foi a segunda.

Dickens, portanto, formou sua personagem principal em *Casa sombria* a partir de experiências profundamente sentidas, ornadas por fantasias imaginativas. Ele tinha também um interesse pessoal no ataque à corte de Chancery? Sei que alguns críticos literários considerariam ilegítima essa pergunta, por não ser literária. Ainda assim, continua válido perguntar, não há como negar que ele estava apresentando um argumento político contra uma instituição governamental; na verdade, como sugeri, contra todo o governo. Acontece que, em 1844, ele tinha se enredado numa ação em Chancery que o frustrou e enfureceu. Em janeiro, processou um editor sem escrúpulos que plagiara descaradamente seu *Canção de Natal*, encontrando uma audiência compreensiva na corte. "Os piratas estão batidos", rejubilou-se em 18 de janeiro. "Estão feridos, sangrando, contundidos, esmagados, achatados e completamente anulados."[31] Mas o pirata declarou bancarrota, arrastando Dickens a contendas legais espinhosas para as quais ele não tinha a menor disposição, e em maio, desgostoso, ele abandonou a ação, tendo, como lamentava, desperdiçado tempo, energia e ao menos setecentas libras.

Por isso, quando, no final de 1846, outro plagiário se serviu de sua obra, ele decidiu não fazer nada a respeito. "É melhor sofrer uma grande injustiça", escreveu a John Forster numa carta reveladora,

> do que recorrer à injustiça muito maior da lei. Não esquecerei facilmente os custos, a ansiedade e a horrível injustiça do caso *Canção de Natal*, no qual, afirmando o direito mais simples sobre a terra, fui realmente tratado como se eu fosse o assaltante em vez do assaltado.

Admitia "uma suscetibilidade mórbida de exasperação, para a qual a mesquinhez e a ruindade da lei nessas questões seriam uma ferroada no mais alto grau".[32] Ele estava fazendo uma acusação grave e abrangente; para Dickens, a lei inglesa era mais perniciosa do que muitos dos crimes para cuja punição tinha sido criada.

Essa relutância em se expor à irritação e à impotência parece bastante razoável. Ainda assim, as reações de Dickens a esses crimes contra a propriedade intelectual são um pino demasiado frágil em que dependurar um longo romance. Vimos que ele era morbidamente sensível. Sua imaginação literária sem limites, que ele explorava para o prazer de seu público, também o dispunha a ornar um agravo genuíno até transformá-lo numa causa. Há um elemento considerável de represália por danos sofridos — e danos imaginados — em *Casa sombria*, quando ele tirou o máximo proveito de suas experiências desagradáveis. O romance é uma demonstração de ódio cultivado com carinho.

5

A sobrevivência da Corte Medieval de Chancery até seus dias é apenas uma das acusações que Dickens dirige contra sua sociedade em *Casa sombria*. Com Jo, o patético varredor de calçadas, ele leva o romance para os subúrbios de Londres com suas terríveis condições de vida. O fato de Jo infectar sem querer Esther Summerson com sua doença — provavelmente varíola — é, como o *fog*, um acontecimento ao mesmo tempo real e simbólico. Espalha o horror que é Tom-all-Alone's, o bairro pestífero de Jo na metrópole, para a sociedade respeitável, para as pessoas que nunca andam por aquelas ruas, nem sequer sabem de sua existência. "Não há um átomo da lama de Tom", escreve Dickens com um tom mais que de *Schadenfreude*,

> nem um centímetro cúbico de qualquer gás mefítico em que ele vive, nem uma obscenidade, nem uma maldade, nem uma brutalidade de sua lavra que não opere sua retaliação em toda camada da sociedade, até nos mais orgulhosos dos orgulhosos e nos mais elevados dos elevados. Na verdade, com as contaminações, as pilhagens e os saques, Tom tem sua vingança.[33]

A escolha de Dickens dessa última palavra, "vingança", é digna de nota. É a palavra de um homem zangado.

Os críticos contemporâneos sabiam muito bem que Dickens estava fazendo uma grande declaração com Jo. O autor, escreveu um deles, "nunca produziu nada mais lamentável, mais deplorável, mais completo do que o pobre Jo. A cena da morte, com sua terrível moral e protesto impetuoso, o sr. Dickens não a superou em nenhuma outra parte em toda a sua obra".[34] Isso é mais do que descrição, é um diagnóstico ressentido. Nas mãos de Dickens, Tom-all-Alone's tenta quase conscientemente vingar-se de uma sociedade que permite essa espécie de miséria, antes com bacilos que com tumultos.

Havia muitos Jos na Grã-Bretanha, muitos Tom-all-Alone's, para que Dickens pudesse ficar sossegado. Sua política se acrescentava a um irado humanitarismo e impregnava cada vez mais sua obra. Apenas alguns anos antes, em 1849, Dickens tinha escrito um conjunto de três artigos sobre uma creche em Tooting, que o mostram, crítico social enfurecido, no auge da indignação e do desprezo. Durante uma epidemia de cólera naquele ano, umas 150 crianças pobres tinham morrido em Tooting, e a insensibilidade, a pura desumanidade do diretor que deixou a tragédia acontecer era demasiado evidente. O lugar era uma calamidade de tão superlotado; até quatro crianças dormindo na mesma cama em quartos sem higiene e fedidos, mal alimentadas — em grande parte limitadas a comer batatas podres —, em roupas maltrapilhas; levavam surras quando se queixavam, não recebiam nenhuma atenção médica apesar de um alerta de duas semanas de que era iminente um surto de cólera. "Elas estavam meio que morrendo de fome", escreveu Dickens, "e praticamente sufocadas."[35] O empreiteiro, que lucrava às custas do estabelecimento que deveria administrar, foi indiciado e julgado, mas escapou da punição, pois o juiz o absolveu sob a alegação de que não havia prova de que a criança citada no indiciamento tivesse morrido como resultado do tratamento que recebera na casa.

O escândalo e seu resultado deram a Dickens amplo pretexto para elevar seu sarcasmo às alturas da amargura. "De todos os empreiteiros similares sobre a terra, o sr. Drouet é o mais desinteressado, zeloso e irrepreensível." Ele não estava encarregado de um paraíso? "As crianças cuidadas na creche repousavam no colo da paz e da abundância; o sr. Drouet, que cuidava das crianças, repousava com uma consciência tranquila, mas com um dos olhos permanentemente aberto para vigiar as bênçãos que ele espalhava e as felizes criancinhas sob sua guarda paternal."[36] Dickens relatava que a publicidade que o caso obtivera arruinara aquela creche, mas nada fizera para reduzir sua ira justa contra Drouet. Mas ele reservava seu desprezo mais mordaz para as autoridades que tinham permitido que aquela catástrofe ocorresse e que, depois dos fatos ocorridos, a tratavam de modo trivial e brando: o magistrado local não se dera ao trabalho de abrir um inquérito, o conselho de guardiões fora criminosamente negligente na supervisão, o juiz que presidia o caso humilhara, insultara e ridicularizara as testemunhas, aproveitando para tecer comentários jocosos muito apreciados pelo público.

É natural que a sátira exaltada de Dickens em *Casa sombria* tivesse desagradado à suas vítimas. A invasão de questões políticas controversas perturbava talvez tanto quanto encantava. Os leitores entusiásticos sentiam falta de Dickens, o humorista, o criador de *páthos* não político; eles queriam que ele reproduzisse seus primeiros sucessos, *As aventuras do sr. Pickwick*, que o haviam tornado famoso, e *David Copperfield*, que o transformara no escritor favorito da Inglaterra. Nesses primeiros romances, ele tinha mantido a crítica social relativamente refreada. Mas agora estava se atrevendo a comentar as mazelas da sociedade britânica, e sua dura ofensiva enfurecia os funcionários públicos a ponto de fazê-los publicar contestações.

O presidente do Supremo Tribunal, lorde Denman, leitor leal e conhecido de Dickens, foi a figura mais exaltada a revidar os ataques do escritor à sua corte. Se havia demoras em Chancery — disse ele num jantar público na presença do autor —, elas eram responsabilidade de uma nação demasiado parcimoniosa para dar àquela corte o número de juízes de que precisava. Dickens achava essas desculpas simplesmente absurdas, e assim o declarou. De sua parte, os protestantes do credo evangélico ficaram desconcertados pelo modo sarcástico como foram retratados na madrinha de Esther, a quem Dickens tinha estigmatizado por não ter nem um pingo de humor e por descarregar suas maldades numa criança indefesa. Pela mesma razão, eles demonstraram forte oposição ao esboço maldoso que Dickens fizera do sr. Chadband, egrégio orador da Igreja Baixa, um glutão que obtinha prazer oral ao se ouvir discursar, regurgitando clichês sem sentido, e a quem nada agradava mais do que um almoço grátis. Os advogados, alvos tão frequentes de Dickens, também achavam pouca coisa que lhes agradasse num romance que os mostrava como vulgares, muitas vezes exploradores hipócritas, sempre preparados com uma racionalização fácil para sua profissão tão caluniada. O sr. Vholes, o advogado de Richard que guia solenemente seu cliente até a ruína certa e que fala interminavelmente de seu pai e de suas três filhas, por quem se sente responsável, resume o caso para a defesa: "Somos as vítimas do preconceito".[37]

Por fim, Dickens se diverte com a sra. Jellyby, adepta previdente da filantropia, uma personagem que despertou a ira de John Stuart Mill por representar errônea e vingativamente uma mulher humanitária de pensamento independente. "Essa criatura, Dickens", Mill escreveu para a esposa,

> cuja última história, *Casa sombria*, encontrei por acaso na Biblioteca de Londres outro dia e levei para ler em casa — de longe a pior de suas obras e a única delas que não aprecio nem um pouco —, tem a impudência vulgar de ridicularizar os direitos das mulheres. Isso é feito da maneira mais vulgar — exatamente o estilo que os homens vulgares usavam para ridicularizar as "damas letradas" por negligenciar os filhos e a casa etc.[38]

Esse não era o modo como Mill via as feministas ativas, atormentadas pela consciência, frequentemente desinteressadas, nem como a história veio a considerá-las.

Ao denunciar a sra. Jellyby de Dickens — que em sua distração jovial destrói o marido e negligencia criminosamente os filhos por causa de uma remota tribo africana, presumivelmente carente —,

Mill passava a fazer parte de uma minoria, o que em geral lhe acontecia quando tecia comentários sobre a questão da mulher de seu tempo. A maioria dos críticos achava a dama uma criatura encantadora, com dedos sujos de tinta e a indiferença benévola e sorridente para com seus assim chamados entes queridos. Mas não há dúvida de que, em *Casa sombria*, Dickens se propunha a ofender tantos leitores quanto fosse possível; ele era um satirista que não discriminava ninguém. Seus críticos menosprezavam sua campanha de muitos ataques como mal informada e complacente consigo mesma, mas ele não tinha esses escrúpulos. Autonomeado para consertar a sociedade, achava que devia ser escutado.

Era assim, pelo menos, que Dickens gostava de ver a si mesmo. Em março de 1850, ele escreveu o prefácio do primeiro número da *Household Words* com um discurso a seus leitores. O nome de sua publicação semanal devia ser um sinal de seu tom familiar, não forçado. "Aspiramos a viver no meio dos afetos do lar e fazer parte dos pensamentos domésticos de nossos leitores." Os editores, ele observava, esperavam "levar para inúmeros lares, deste mundo agitado ao nosso redor, o conhecimento de muitos assombros sociais, bons e maus", assim tornando tanto os escritores como os leitores ardentemente perseverantes, tolerantes, leais ao progresso humano, e "gratos pelo privilégio de viverem na aurora de verão destes tempos". Bem característico de sua mentalidade, Dickens acrescentava:

> Nenhum mero espírito utilitário, nenhuma ligação férrea da mente a realidades sombrias dará um tom duro a nossa *Household Words*; no peito dos jovens e dos velhos, dos ricos e dos pobres, gostaríamos de alimentar ternamente aquela luz da fantasia que é inerente ao coração humano.[39]

Estava criado o alicerce para uma agenda política plausível que um vitoriano moderadamente liberal poderia endossar. O periódico mensal não assustaria os leitores com propostas subversivas ou proclamações doutrinárias. "Oh, o céu por um mundo sem ismos",[40] Dickens tinha escrito a uma amiga em 1844. Não haveria propaganda em *Household Words* advogando o nivelamento das classes, pois isso seria o temido socialismo. Não haveria utilitarismo, pois isso era demasiado materialista e demasiado calculista para ter qualquer atrativo para Dickens; não deixava espaço para a fantasia. Quanto à questão da condição-da-Inglaterra, ele estava do lado de Thomas Carlyle, o principal conhecedor da questão e a quem Dickens dedicaria *Tempos difíceis*. Sem dúvida, várias vezes ele quebrou sua promessa de manter um tom duro fora de sua revista; mas havia simplesmente muitos males urgentes a ser expostos para todos.

Walter Bagehot, economista, ensaísta, editor e pensador político admirável, descreveu certa vez a ideologia de Dickens como "radicalismo sentimental".[41] Verdade: Dickens era sentimental, mas não radical. Seu coração estava quase sempre no lugar certo — pelo menos uma vez essa fórmula já gasta funciona, pois suas opiniões políticas eram predominantemente queixas elevadas a um nível mais geral. Eram uma questão de compaixão despertada por alguns atos ofensivos e alimentada por um senso de empatia altamente cultivado. Ele tomava grandes controvérsias públicas e transformava-as em questões suas, razão pela qual ele era melhor como romancista do que como filósofo.

Seria simplista dizer que um acontecimento chocante determinava as causas que iria defender, mas os acontecimentos chocantes confirmavam sua indignação. O fato de testemunhar um enforcamento o ajudou a se opor à pena de morte — até que, em seus últimos anos, ele recuou da pregação contra a pena de morte para defender o enforcamento na ausência de testemunhas. O fato de ter sido vítima em Chancery não serviu exatamente para aumentar sua estima por aquela instituição. Ao mesmo tempo, ele podia ser duro e intolerante para com causas que não despertavam sua simpatia, ou com organizações que o irritavam por ter o que ele denegria como fanatismo, reivindicações excessivas, defensores tagarelas e desagradáveis. "Sociedade da Paz, Sociedade da Temperança", escreveu a um amigo no verão de 1851, "que têm ultimamente feito papéis estupendamente ridículos."[42] Era por isso que ele não via utilidade para a espécie de "avanços" então propostos para o tratamento dos prisioneiros nas prisões de Sua Majestade. Em *David Copperfield*, já tinha satirizado os mimados "Prisioneiros de Estimação", condenados que eram estragados por condições de vida despropositadamente fáceis e uma comida deliciosa. Se ele soubesse mais sobre a realidade da vida na prisão, teria apoiado algumas das reformas de que zombava.

Mas quem faria as reformas que Dickens aprovava? Seus romances atestam que, para ele, o único remédio desejável e eficaz para os males públicos eram ações privadas tomadas por indivíduos morais, homens e mulheres nascidos sem defeitos. Estão entre suas invenções mais fracas, mais irritantes. De fato, alguns de seus humanitários, como os irmãos Cheeryble em *Oliver Twist*, com sua infalível bondade sorridente, são difíceis de engolir. Assim, às vezes, é o sr. Jarndyce: incomparavelmente generoso e desinteressado, transformado em alguém ainda mais admirável (e implausível) por seus calorosos protestos contra que lhe agradeçam qualquer coisa.

De fato, os romances de Dickens apresentam uns poucos personagens capazes de aprender com a experiência, pessoas que se tornam melhores do que eram no passado. Invariavelmente, o professor dessas exceções agradáveis em seu repertório é o amor, a pura afeição penetrando as máscaras da reserva, do egoísmo e do cinismo. O sr. Dombey, em *Dombey e filho*, supera a aversão fria e irracional pela filha, Florence, para tornar-se um pai e um avô extremoso. A encantadora Bella Wilfer, em *Nosso amigo comum*, domina a arrogância e a busca mercenária de um marido rico para amar um homem por aquilo que ele é. David Copperfield educa seu coração.

E *Casa sombria* também apresenta humanos que são apenas humanos. A sra. Snagsby, a esposa ciumenta do dono da papelaria, que passa por um episódio paranoico em que duvida da fidelidade do marido, é instruída pelo inspetor Bucket (o único personagem desse romance que desfruta uma aprovação universal entre os leitores de Dickens) a abandonar suas suspeitas desarrazoadas. Já observamos as qualidades genuínas que surgem mais tarde em sir Leicester Dedlock. Mas, na maior parte, os personagens virtuosos em *Casa sombria* são de uma virtude inacreditável. Allan Woodcourt é o médico dos sonhos de todo paciente: sempre disponível, fazendo visitas em domicílio dia e noite, indiferente a dinheiro; numa palavra, digno de Esther Summerson. E Esther, como sabemos muito bem a esta altura, é suficientemente boa para merecê-lo.

Por mais duvidosos que esses super-humanos nos pareçam, eles eram centrais para as intenções estratégicas de Dickens. Ele criou gente como Woodcourt e Jarndyce como um contraponto ao que ele deplorava como o ridículo, a insensibilidade, a pura perversidade das instituições inglesas. "Ineficiência" teria lhe parecido um termo por demais ameno para caracterizar seus defeitos. Infalivelmente resistentes a toda mudança, incapazes de se adaptarem a novas situações ou de reagir decentemente a emergências, eles envenenavam tudo em que punham a mão. O brilhantemente chamado "Departamento de Circunlóquio" em *A pequena Dorrit*, uma repartição do governo dedicada a "perceber — COMO NÃO FAZÊ-LO",[43] emprega funcionários como Tite Barnacle (outro nome brilhante), perfeitamente amável e não escancaradamente perverso. Mas os burocratas cordiais como ele trabalham para uma repartição do governo impregnada de vilania, uma maquinação invencível de ociosidade e corrupção.

Era matéria pesada. James Fitzjames Stephen, historiador, jurista e juiz, um conservador inteligente aberto a reformas moderadas no governo, observou secamente em sua resenha de *A pequena Dorrit* que Dickens tinha imaginado o Departamento de Circunlóquio para demonstrar "que o resultado da Constituição britânica, de nossas alardeadas liberdades, da representação parlamentar e de tudo o que possuímos, é nos dar o pior governo da face da Terra — o estrondo de um moinho que não mói trigo, a pancada de uma bomba que não tira água".[44] Essa atitude, que segundo Stephen estava no coração dos "romances políticos" de Dickens — *Casa sombria, A pequena Dorrit, Tempos difíceis* —, parecia-lhe totalmente injusta dadas as evidências, e simplesmente despropositada a noção de que o Departamento de Circunlóquio fosse uma metáfora apropriada para o governo da Grã-Bretanha.

Ele tinha um argumento. Em 1851, um ano antes de Dickens publicar o primeiro fascículo de *Casa sombria*, a corte de Chancery passou por suas primeiras reformas significativas, mesmo que ainda se ouvisse falar de uns poucos casos bem semelhantes a *Jarndyce e Jarndyce*. Foi um bravo esforço de reorganização, a que o romance de Dickens não deu importância. E foi em 1854, pouco antes de Dickens começar a escrever *A pequena Dorrit*, que o célebre Relatório Northcote-Trevelyan propôs uma reorganização drástica do serviço público britânico, inclusive a recomendação radical de que os cargos fossem preenchidos por meio de exames competitivos. Durante séculos, os jovens ambiciosos tinham recorrido a relações pessoais para entrar e ascender no serviço público. Alguns anos antes, lorde Melbourne, duas vezes primeiro-ministro e conselheiro da jovem rainha Vitória, havia celebremente elogiado a Ordem da Jarreteira porque, dizia, "Não há nela o maldito mérito". Ora, nos anos em que Dickens estava afiando sua pena política, o impulso de reforma (lançado em 1832 pela Lei da Grande Reforma, que alargava significativamente o sufrágio) começava de fato a incluir o mérito entre as condições necessárias para o emprego no governo.

Essa urgência em criar uma nova Grã-Bretanha mais justa espalhou-se para outras áreas. Parlamentos sucessivos reduziram de maneira dramática a lista de crimes capitais, aprovaram legislação para limitar as horas de trabalho das crianças nas fábricas e nas minas, instituíram procedimentos parlamentares e administrativos de amplo alcance e começaram a tratar do tão debatido tema da educação popular. Não que tudo estivesse bem entre as classes na Grã-Bretanha; pode-se dizer que os velhos conflitos entre a classe operária e a classe média se tornaram mais acirrados por volta da metade do século. E havia uma resistência forte, com frequência eficaz, contra a reforma, até contra a reforma claramente necessária, dentro e fora do Parlamento. Dickens não deixava de observar essas obstruções enlouquecedoras e era sarcástico ao comentá-las. Na *Household Words*, ele deplora o poder destrutivo da burocracia, dos burocratas e dos vermes da burocracia, e conta a estranha história de que a governanta do sr. Bull, Abby Dean — que representa, claro, o gabinete Aberdeen no início da década de 1850 —, sofreu um acesso desagradável de sonambulismo. Abby Dean cuida da vida enquanto dorme.

Tudo isso deve lembrar ao leitor o modo desdenhoso como Dickens liquida o governo de gabinete em *Casa sombria*. Numa reunião da alta sociedade na mansão Dedlock, há muitas conversas sobre o primeiro-ministro e as probabilidades de ele ser forçado a renunciar. Se o fizesse, a escolha de seu sucessor seria "entre lorde Coodle e sir Thomas Doodle", sempre "supondo impossível que o duque de Foodle agisse com Goodle",[45] e assim um longo trecho do alfabeto por diante. Daí se conclui que o desprezo de Dickens pela corte de Chancery só era superado por seu desprezo pelo Parlamento.

Mas, apesar do fracasso de Dickens em valorizá-las, as forças da reforma — reforma sanitária, reforma das fábricas, reforma educacional, até reforma parlamentar — seguiram a pleno vapor durante toda a sua vida. Em 1867, três anos antes da morte de Dickens, a Segunda Lei da Reforma foi muito além de sua predecessora de 1832 para emancipar a maioria dos homens no país. Ainda assim, nem em seus romances, nem em seus periódicos, exceto por algumas poucas palavras bondosas elogiando os conselhos de saúde e coisas assim, Dickens considerou essas circunstâncias como atenuantes e sinais promissores. Parece inescapável, portanto, a conclusão de que para Dickens a política era uma questão muito mais de paixão que de informação. Nem a coerência o preocupava muito. Um leitor atento de Dickens, George H. Ford,[46] o chamou de anarquista, e, por mais surpreendente que possa parecer à primeira vista, esse epíteto não deixa de ser apropriado, sobretudo quando o especificamos mais detalhadamente acrescentando o adjetivo "zangado". Apesar de todos os seus protestos em contrário, o compromisso de Dickens com o Princípio da Realidade era quando muito intermitente.

A hostilidade de Dickens à autoridade nunca cedeu. E era por isso que ele precisava de seus modelos de perfeição, suas Esthers, seus Woodcourts e seus Jarndyces: ele nunca se afastou da convicção de que apenas a decência e a caridade privadas poderiam redimir a sombria condição inglesa. E, como as qualidades de tais modelos lhe pareciam demasiado raras e longe de ser poderosas o bastante, Dickens, o anarquista zangado, só podia exagerar a bondade deles tanto quanto exagerava os vícios de seu país tão imperfeito.

Como, então, deve o estudioso do passado ler *Casa sombria*? Com cautela. A obra, como os outros últimos romances de Dickens, exibe uma aversão incontrolável pelas instituições políticas e legais da Grã-Bretanha e por sua suposta relutância em consertar o que, na opinião do autor, precisava desesperadamente de conserto. Na medida em que esse era um estado de espírito que ele partilhava com os reformistas liberais e radicais, o historiador da Grã-Bretanha de meados do século XIX pode ver esse romance como um sintoma de alienação. Mas não há mais muita coisa para recomendar Dickens como um pensador político. Isso não significa que os leitores devam se negar aos grandes prazeres que *Casa sombria* tem a oferecer, ou recusar a incluir a obra no seleto clube dos grandes romances. Significa apenas que, como subsídio para o pesquisador da verdade histórica, o livro requer urgentemente uma segunda opinião.

2. O ANATOMISTA FÓBICO

Gustave Flaubert em *Madame Bovary*

Quarto de morte de Madame Bovary, de Albert August Fourie. Musée des Beaux-Arts, Rouen. Crédito da foto: Giraudon/Art Resource/NY.

1

"Por dois dias que tento entrar nos *sonhos de moças*, e para isso tenho navegado nos oceanos leitosos da literatura sobre castelos, trovadores de gorros de veludo com penas brancas." No início de março de 1852, Flaubert informava Louise Colet, sua *chère Muse* naqueles anos, enviando um primeiro boletim do que devia se tornar um comentário corrente sobre *Madame Bovary*, o romance que tinha acabado de começar. Estava conscientemente se documentando. "Andei relendo vários livros infantis para meu romance", escreveu, "meio loucos", depois de examinar "velhos álbuns literários" e "contos de naufrágios e piratas."[1] Ele servia ao princípio de realidade, desejoso de captar fielmente os gostos românticos degradados que ajudariam a cercar a ruína da jovem Emma Rouault, sua desafortunada heroína.

Flaubert continuou fiel à busca erudita da realidade durante toda a sua vida de escritor. Assim que terminou *Madame Bovary*, no final de 1856, não parou para comemorar: começou imediatamente *Salambô*. Essa nova aventura literária, um conto exótico sobre a antiga Cartago que misturava história de amor, revolta de mercenários e orgias bárbaras que lhe permitiam satisfazer o gosto por violência erótica, obrigou-o primeiro a uma série de pesquisas intensivas. Os romanos, sabemos, tinham deixado muito pouco que pudesse testemunhar para a posteridade a cultura de seu rival norte-africano, mas Flaubert não se deixou desencorajar. Foi atrás de livros a respeito de Cartago na biblioteca municipal de Rouen; examinou periódicos eruditos; acossou conhecidos em busca de informações bibliográficas. Em maio de 1857, viu-se "no meio da leitura de uma dissertação de quatrocentas páginas in-quarto sobre o cipreste piramidal, porque havia ciprestes no pátio do templo de Astarte".[2] E no final do mês ele provava que desde março tinha lido "53 obras diferentes sobre as quais tomei notas".[3]

Embora afirmasse estar sofrendo de "uma indigestão de livros antigos" e confessasse que seu "formidável trabalho arqueológico"[4] o assustava, Flaubert desafiava o conselho sábio dos amigos no sentido de parar de ler e começar a escrever. "Sabe quantos volumes sobre Cartago já enfiei goela abaixo?", perguntou retoricamente a um deles em julho, e respondeu a sua própria pergunta: "Cerca de uma centena".[5] Entretanto, ele continuava inflexível a respeito da necessidade de mais pesquisa. Há um certo tom de jactância nessas queixas, mas uma leitura de *Salambô* deixa claro que ele havia estudado tanto quanto afirmava. Também não achava que as leituras tinham sido suficientes: em abril de 1858, partiu numa viagem breve a Túnis e Marrocos para ver por si mesmo — não Cartago, sem dúvida, mas ao menos a paisagem. Ele precisava alimentar a imaginação com fatos.

Flaubert deu às suas ficções posteriores a mesma solidez, ancorando-as em detalhes particulares diligentemente coligidos e astutamente empregados. Sua *educação sentimental* leva o anti-herói provinciano Frédéric Moreau à Paris da metade do século XIX, e retorna ao personagem, já de meia-idade, em 1867, para sua maturidade não muito madura. A experiência de Moreau mais intensamente explorada é a revolução de 1848: a desordem nas ruas, os planos utópicos dos idealistas socialistas, os clubes políticos radicais com seus debates intermináveis que surgiram depois que o rei Luís Filipe abdicou em fevereiro. Ao escrever essas páginas admiráveis, ainda que amargas, Flaubert, que tinha estado em Paris durante os primeiros meses da revolução, usou a memória. Mas não apenas isso. Importunou um amigo para lhe enviar reminiscências da vida dos clubes naqueles meses violentos, e outro para lhe explicar como se podia ganhar e perder uma fortuna na bolsa de valores em pouco tempo durante aqueles anos. Ele leu os panfletos dos socialistas utópicos e números antigos dos jornais do ano de 1848.

Para emprestar a uma de suas cenas o tipo de autenticidade que desejava, chegou até a passar várias horas no Hôpital Sainte-Eugénie de Paris, observando crianças com crupe, uma experiência angustiante. "Era abominável", contou à amada sobrinha Caroline, "e saí de lá com o coração partido. Mas a arte acima de tudo!"[6] Gostava de ser considerado "demasiado verdadeiro".[7] Em sua opinião, suas ficções nunca eram suficientemente verdadeiras.

Por certo que nenhum dos atores em *Madame Bovary* nem suas atuações ultrapassavam as fronteiras da natureza humana comum. Baseando-se livremente num episódio verdadeiro, ele narra a história da bela e caprichosa filha de um próspero fazendeiro normando (de mentalidade inteiramente burguesa) que se casa com um *officier de santé*, um oficial da saúde sem o título de doutor. Ele adora a esposa, mas, por sua vez, a entedia. Depois de um tempo de crescente desilusão, ela se entrega a deploráveis e luxuriantes fantasias, arranja em seguida dois amantes, que exploram insensivelmente sua credulidade e suas necessidades eróticas insatisfeitas, mergulha em dívidas para comprar presentes pródigos para esses libertinos, cai nas mãos de um implacável agiota local e, não vendo saída, comete suicídio. Nenhum toque irrealista nessa história.

Nem mesmo as transgressões mais chocantes de Emma Bovary, seus adultérios, forçam a credulidade do leitor. Em sua crítica apreciativa de *Madame Bovary*, Baudelaire falava diretamente do adultério como "a situação humana mais banal, mais prostituída, o realejo mais quebrado de todos".[8] Era, sem dúvida, um esquema bastante familiar para os romancistas. Até Dickens, o circunspeto Dickens, brincou provocativamente com esse tema. Lembramos a sra. Snagsby, em *Casa sombria*, vivendo na ilusão temporária (totalmente injustificada) de que o marido está tendo um caso amoroso. E, em alguns de seus outros romances, Dickens é astuto ao despertar as suspeitas de seus leitores de que o adultério foi ou está prestes a ser cometido, apenas para recuar mais tarde. Em *David Copperfield*, Annie Strong, a jovem e bela esposa do idoso erudito dr. Strong, reabilita-se convincentemente da acusação de que andou namorando seu ousado primo; em *Dombey e filho*, Edith Dombey, a esposa do sr. Dombey, criada para ser um objeto caro e sem coração a ser vendido a quem oferecesse o maior lance, tem força moral suficiente para se recusar a seu futuro sedutor, o infame sr. Carker. Mas outros romancistas entraram correndo no terreno que Dickens temia pisar. *A letra escarlate*, de Nathaniel Hawthorne, *Anna Kariênina*, de Liev Tolstói, *Effi Briest*, de Theodor Fontane, *A taça de ouro*, de Henry James, são simplesmente as histórias de adultério mais proeminentes na ficção do século XIX. Assim, *Madame Bovary* explorava um veio rico, quase inexaurível da tão humana falibilidade.

A questão do adultério tinha relevância particular para a França de Flaubert. Em 1816, o ano seguinte à volta dos Bourbon ao trono francês, eles revogaram a lei do divórcio aprovada durante a revolução, e o divórcio só veio a ser restaurado em 1884 — quatro anos depois da morte de Flaubert. Nessas circunstâncias, quebrar os votos do casamento era um recurso plausível, talvez necessário, para um marido inquieto ou uma esposa negligenciada. Por isso, em *Pot-bouille*, um volume de seu ciclo *Rougon-Macquart*, Zola pinta a alta e a baixa burguesia empenhadas avidamente no esporte do amor ilícito, extraconjugal; a mais tímida das esposas, ele insinua, cairá na infidelidade por ignorância, tédio, desejo de prazer e mera passividade na presença de um sujeito mundano determinado e confiante. Descontando o exagero dramático, podemos ler esse romance como algo provável num país sem a válvula de escape do divórcio. Em 1883, quando a nova legislação do divórcio estava sendo amargamente debatida pelo país, Zola observou, meio de brincadeira, que, se a lei proposta fosse aprovada, seria o fim da literatura francesa. Sobre que diabos os romancistas escreveriam? As aventuras de Emma Bovary com Rodolphe, seu primeiro amante, e Léon, o segundo, eram, portanto, bastante comuns, quase esperadas, até no lugar provinciano e atrasado onde *Madame Bovary* se passa na maior parte.

A busca implacável de Flaubert pela verdade na ficção ia além dos detalhes mundanos da vida íntima de seus personagens. Não foi, é claro, o primeiro romancista a explorar a mente de suas criações. Mas Flaubert o fez com uma intensidade sem precedentes. Sua declaração mais memorável sobre o livro é sem dúvida "*Madame Bovary, c'est moi*". Os estudiosos de sua obra têm lido corretamente essa exclamação como um atestado sucinto de seu grande dom de entrar nos recintos mais secretos de seus personagens. Mas, além disso, era também parte de sua paixão pela verdade — uma paixão levada a novos limites.

Poderíamos pensar que Flaubert tinha prazer com esse talento. Mas, na verdade, ele sofria com o dom. Em 1852, disse a Louise Colet: "Na quarta-feira passada tive de me levantar e buscar meu lenço. As lágrimas corriam por meu rosto. Estava comovido por minha própria escrita".⁹ Anos depois de terminar *Madame Bovary*, ele disse ao eminente historiador literário e político Hippolyte Taine que, ao escrever a cena, perto do final, em que Emma Bovary toma veneno, tinha passado por dois acessos de indigestão, sem conseguir se livrar do gosto de arsênico na boca, e vomitara o jantar.¹⁰ A identificação de um autor com suas criações não pode estar mais perto dessa insanidade colateral.

Seu pai, o médico Achille-Cléophas Flaubert, diretor de um hospital em Rouen, alertara-o indiretamente para o estrago que a preocupação excessiva com um tema forte poderia produzir. "Meu pai sempre dizia que nunca gostaria de ter sido médico num asilo de insanos", ele escreveu a Louise Colet em 1853, "porque, se alguém trabalha a sério com a loucura, acaba pegando a loucura."¹¹ Isso não deteve o filho. Duas décadas depois de acabar *Madame Bovary*, Flaubert mais uma vez penetrou tão profundamente em seus personagens que já não conseguia mantê-los separados de si mesmo. Foi na metade da década de 1870, quando trabalhava como um escravo em sua análise sarcástica (e, como sempre, muito meticulosa) de dois pequeno-burgueses, que ele escreveu: "*Bouvard e Pécuchet* me ocupam a tal ponto que me transformei neles! A estupidez deles se tornou minha, e estou explodindo de tanta burrice".¹²

Mas essa técnica de explorar os personagens vivendo tanto *na companhia* deles como *dentro* deles, ainda mais eficaz, sem dúvida, por não ser apenas consciente, mantinha-se em tensão produtiva com uma determinação de manter distância de suas criações, de estabelecer sua soberania autoral com impessoalidade "científica". Ele queria ser objetivo sobre a subjetividade. Numa primeira resenha ponderada de *Madame Bovary*, Charles-Augustin Sainte-Beuve, o crítico literário mais influente da França e amigo do autor, apresentou uma metáfora adequada que outros não deixaram de copiar: "Filho e irmão de eminentes cirurgiões, monsieur Flaubert maneja a pena como outros, o bisturi. Anatomistas e fisiologistas, eu vos descubro por toda parte".[13] Numa famosa caricatura, que mais parece uma ilustração para a figura de retórica de Sainte-Beuve, J. Lemot retratou Flaubert num avental de cirurgião, segurando na mão esquerda um bisturi com a cabeça de Emma Bovary nele espetada, pingando sangue, e na mão direita uma lupa descomunal. Parte do corpo de Emma aparece no fundo à esquerda. Essas alusões médicas só podiam lhe dar prazer; ele pensava em seu estilo como um instrumento de dissecação. Empregá-lo era uma das maneiras, um modo favorito, de expressar sua visão de mundo neurastênica.

Obviamente, a interação entre a mente de um escritor com suas criações literárias jamais é simples. Flaubert tinha consciência disso. "É algo estranho", escreveu a Louise Colet, "a relação entre as escritas de um homem e sua personalidade." Era ainda mais estranho, ainda mais complicado, do que ele pensava. Uma razão para essa complexidade é a ligação emocional de Flaubert com os românticos e sua distância dos mesmos. Em um nível mais superficial, pode-se ler *Madame Bovary* como um manifesto contra o romantismo. É uma tragédia pequeno-burguesa comum — tão comum, de fato, no que diz respeito a seus personagens e à falha fatal de sua protagonista, que o romance mal merece um rótulo tão elevado. A evidência para a incurável mediocridade da mente de Emma e da pequena nobreza local que a circunda está fora de dúvida — em suma, não é o tipo de ficção que um romântico teria escrito.

Mas dentro da estrutura das preocupações dominantes de Flaubert, *Madame Bovary* é, no caso de ser um manifesto, dirigida apenas contra o romantismo degradado. Podemos compreender racionalmente o romance como uma defesa do romantismo *puro*, do qual Flaubert mostra que seus personagens inventados — e implicitamente a maioria de seus colegas romancistas — são incapazes. Por certo a declaração "*Madame Bovary, c'est moi*" é um testemunho brilhante da afinidade informal de Flaubert com o clã romântico. Uma afirmação da mais apaixonada individualidade, essa identificação proclama uma profunda intimidade entre o criador e a criação que um neoclássico jamais poderia ter cultivado. Os tópicos "românticos" exóticos em que Flaubert despenderia anos de trabalho — a antiga Cartago e a tentação de santo Antônio — atestam a mesma disposição. Ele também não repudiou o espírito romântico em sua melhor expressão. Em 1857, agradecendo a Charles Baudelaire por lhe enviar uma cópia de *As flores do mal*, ele disse ao poeta que, com sua originalidade, seu caráter único, ele, Baudelaire, havia "encontrado um modo de rejuvenescer o romantismo". Cheio de admiração, acrescentou: "Você não se parece com ninguém (o que é a primeira de todas as qualidades)".[14] Flaubert não conhecia elogio maior.

Por isso, quando os adversários do campo romântico se faziam ouvir, ele os atacava com todos os recursos de seu vocabulário embebido de escatologia. Em 1865, depois de ler *Do princípio da arte*, de Proudhon, que homenageava as telas realistas de Courbet, ele sarcasticamente exclamou: "Tudo pela glória de Courbet e pela demolição do romantismo!".[15] O livro lhe lembrava ter de chegar a uma latrina pisando sobre excrementos a cada passo no caminho. Antes, em maio de 1857, agradecendo a Sainte-Beuve a resenha de *Madame Bovary*, ele tinha se descrito como "um velho romântico apaixonado ou, se você quiser, mal-humorado".[16] Em anos posteriores, retornando às autodefinições, ele repetiu essa descrição mais de uma vez e chamou a si mesmo um fóssil romântico — único, muito semelhante a Baudelaire. Ele se via, em suma, como um tipo especial de romântico com uma paixão pela realidade.

2

Apesar de toda a sua lealdade ao princípio da realidade, este não ocupava o ápice do panteão de Flaubert. Tal lugar estava reservado para a arte ou, como ele às vezes dizia, para o estilo, com a verdade ocupando um honroso segundo lugar. "A moralidade da arte", ele escreveu em dezembro de 1856, "consiste em sua própria beleza, e eu a valorizo acima de tudo o mais, primeiro o estilo e depois a verdade."[17] Esses dois ideais não eram para ele rivais, mas parceiros. A arte precisava da verdade, e a verdade servia à arte. A frase de uma carta à sobrinha Caroline que citei antes — "mas a arte acima de tudo" — é reveladora nesse contexto, pois, devemos lembrar, Flaubert a insere na descrição de uma pesquisa empírica traumática que tinha feito. De seu ponto de vista, ele era sobretudo um poeta, um poeta verdadeiro. "*Je suis né lyrique.*" É por isso que ele quase sempre grafava a palavra "Arte" com letra maiúscula. Servindo a esses ideais eternos, ele se mostrava, como confessava ser, um bom platônico. Não é de admirar que, como um humilde devoto no templo da arte, não desse muita importância para o naturalismo de Zola: faltava a poesia.

Flaubert usava o vocabulário da religião quando falava da arte, mas essa sua devoção era um tipo altamente idiossincrático de religiosidade irreligiosa. Ele se via — dizia a Louise Colet — como um padre, o guardião, em outras palavras, de um círculo exclusivo de homens e mulheres literários civilizados. Esse credo o tornava severo com os comentários ignorantes, mesmo quando era sua amante que os proferia. Em janeiro de 1847, ele criticou veementemente a sugestão "singular" dela de que alguém deveria escrever uma continuação do *Cândido*, de Voltaire. "Será possível?", ele a colocou no devido lugar. "Quem o fará? Quem poderia fazê-lo? Há obras tão terrivelmente grandes (essa é uma delas) que esmagariam qualquer um que tentasse arcar com seu peso. Uma armadura de gigante: o anão que a pusesse nas costas seria esmagado antes de dar um passo." Ele achava que havia algo fundamentalmente errado no julgamento estético de sua amante. "Você tem um amor genuíno pela arte, mas não à sua religião."[18] Essa era uma crítica que jamais precisaria aplicar a si mesmo. Mesmo com toda a imprecisão, até com as ocasionais contradições, essa ideia da arte era para ele virtualmente sagrada — e nada mais. Em abril de 1853, ele a formulou para Colet: "Um pensador (e o que é um artista senão um pensador triplo?) não deve ter religião, nem país, nem sequer convicções sociais".[19] Nenhum compromisso poderia ter sido mais categórico.

Lutar com o estilo, enquanto hibernava em seu estúdio em Croisset trabalhando longas horas, proporcionava a Flaubert uma dor refinada, mas também um prazer ainda até mais refinado. Não que ele desconsiderasse as exigências do corpo; era em parte por causa de tais exigências que ele fazia a viagem de sua casa perto de Rouen a Paris, para passar uma noite com Louise Colet. "Amo meu trabalho com um amor que é frenético e pervertido" — ele lhe disse em abril de 1852, não proporcionando *a ela* nenhum prazer refinado com tal confissão —, "assim como um asceta ama a camisa de crina que arranha sua barriga."[20] E ele proclamava furioso, sublinhando a frase com seu ardor: "*O artista deve elevar tudo!*".[21] Desde que Shelley havia denominado o poeta como o legislador não reconhecido do mundo, nenhum escritor imaginativo fizera reivindicações tão exaltadas para a vocação das letras. "O artista deve ser em sua obra como Deus em sua criação, invisível e onipotente, alguém que sentimos por toda parte, mas não vemos."[22]

Esse pronunciamento ambicioso era mais do que uma profissão de sua fé animadora: era também um apelo por seu princípio estilístico de manter o narrador onisciente fora do campo de visão o máximo possível. Sua retórica extravagante tinha para ele uma certa realidade: *havia* algo divino a respeito dos escritores — bem, de alguns escritores. Para Flaubert, a reverência pela arte significava reverência por um pequeno panteão de profissionais deslumbrantes. Ele era conhecido por odiar intensamente, mas não era menos capaz de admiração. Entre seus contemporâneos, escolheu Baudelaire, Tolstói, Turguêniev, George Sand e Victor Hugo — o último com fortes reservas. E frequentemente sonhava que tinha vivido em tempos melhores, quando as pessoas de fato acreditavam na arte — na antiga Atenas, em Roma ou na Renascença.* "Parece-me", disse a Louise Colet, "que, se viesse a conhecer Shakespeare, eu explodiria de medo."[23] Ele teria ficado igualmente sem voz com Homero, Virgílio, Rabelais, Cervantes, Voltaire, Goethe.

Tempos melhores, quando as pessoas acreditavam na arte! Era claro para Flaubert que ele estava fadado a viver em tempos desprezíveis. Suas cartas, as primeiras e as tardias, estavam cheias de referências maldosas à cultura francesa da época em que ele era um colegial, e, mesmo já romancista maduro, ele não revisou sua opinião. Ele odiava o que chamava em 1855, numa carta a seu amigo íntimo, Louis Bouilhet, o "século podre! E estamos atolados", acrescentava, "em merda de primeira categoria".[24] Tampouco via muito espaço para melhoramentos. "Nego a renascença literária que você proclama", escreveu a Maxime du Camp em julho de 1852. "Até agora, não vejo nenhum novo escritor, nenhum livro original, nenhuma ideia que não seja caduca."[25] Um ano mais tarde, disse a

---

* "Reli *Roman History* de Michelet", ele escreveu a seu amigo Maxime du Camp em 1846. "A Antiguidade me dá vertigem. Vivi, sem dúvida, na Roma dos tempos de César ou Nero. — Você alguma vez já se imaginou numa tarde de triunfo, quando as legiões retornavam, quando os perfumes queimavam ao redor da quadriga do conquistador e os reis cativos caminhavam atrás, e mais tarde naquela antiga arena? Olhe, era ali que se devia viver." G. F. para Maxime du Camp (maio de 1846). *Correspondance*, 1, 266.

Louise Colet que achava sua cultura quase insuportável. "O ódio que vejo em toda parte dirigido contra a poesia, contra a arte pura, a negação completa da verdade me atiça o desejo de suicídio."[26] Quando estava num estado de espírito mais animado, o que era raro, ele concedia que um futuro menos deprimente não era impensável — mas que ele não viveria para ver. "O tempo para a beleza passou", escreveu para sua musa em abril de 1852. "A humanidade pode retornar a esse tempo, mas não quer nada com isso no presente."[27]

O vilão coletivo que colocara a literatura francesa nessa situação era, para a mente doentia de Flaubert, a burguesia. Ela despertava o grande talento de Flaubert para proferir os mais graves insultos. Também não estavam imunes a suas setas envenenadas os colegas escritores. "O que me deixa indignado é o *burguesismo* de nossos colegas! Que mercadores! Que imbecis chatos!"[28] Se podemos confiar em tais explosões mal-humoradas, os burgueses — a aparência, as roupas, a fala, as opiniões — literalmente o nauseavam. Em outubro de 1872 (para dar um exemplo oportuno), seu bom amigo, o romancista e crítico Théophile Gautier, morreu, aos 61 anos. Fora sufocado, convenceu-se Flaubert, por uma exposição excessiva à estupidez moderna: *la bêtise moderne*. Alguns dias mais tarde, ele encontrou três ou quatro burgueses nas ruas de Rouen: "O espetáculo de sua vulgaridade" — explodiu para a sobrinha Caroline —, "suas casacas, seus chapéus, o que diziam e o som de suas vozes me deram vontade de vomitar e chorar ao mesmo tempo. Desde que vim ao mundo, jamais fiquei tão engasgado de tanto nojo".[29] Sem dúvida, ele exagerava a intensidade de sua náusea; já muitas vezes registrara tal enjoo. Alguns dias mais tarde, disse a um amigo, o dramaturgo Ernest Feydeau, que seu desejo era que fosse ele, Flaubert, e não Gautier, quem estivesse apodrecendo na terra. "Mas, antes de morrer, ou melhor, enquanto espero a morte, quero 'esvaziar' a amargura que me invade. Por isso estou me preparando para vomitar. Serei copioso e amargo, prometo-lhe."[30]

Essa aversão descomedida pela classe média nunca se elevou ao nível de uma crítica social racional; Flaubert incluía as camadas inferiores em sua condenação global. "Emprego a palavra 'burguês'", disse a George Sand em 1871, "incluindo os *messieurs* trabalhadores."[31] Ele já tinha definido o termo da mesma forma inclusiva e sociologicamente inútil — e muitas vezes. Eram todos, quer usassem casacas ou macacões, de inteligência obscura, e com toda a probabilidade estavam fadados a continuar assim.

O texto de *Madame Bovary* parece se propor a sustentar esse veredicto. Serve para provar que os burgueses não sabiam amar, assim como não sabiam fazer nenhuma outra coisa realmente bem. Na verdade, é o fracasso nesse sentimento elementar que desencadeia a evolução do enredo. Para a aflição de Emma, sua vida sexual com o marido era superficial, quase mecânica. "Os arroubos dele", escreve Flaubert, "tinham se tornado padronizados; ele a beijava apenas em certas horas. Tornara-se mais um hábito entre outros, semelhante a uma sobremesa previsível depois da monotonia do jantar."[32] A realidade doméstica, em especial na cama, em nada lembrava as histórias românticas que ela devorara quando menina.

Como observei no início, Flaubert gastou horas incontáveis nas leituras de Emma Rouault. Jimmy Walker, o bombástico prefeito de Nova York durante a década de 1920, disse certa vez: "Nenhuma garota jamais foi seduzida por um livro". Emma foi uma exceção a essa afirmação impetuosa. Ela foi seduzida por um livro ou, melhor, por muitos livros. Aos treze anos, fora enviada a um convento dirigido por freiras bondosas, e foi ali que sua imaginação sexual, que começava a despertar, encontrou à disposição uma variedade de novas imagens, novos sentimentos. Suas devoções nunca se elevaram acima de suas materializações carnais. O que a incendiava era o "langor místico exalado pelos perfumes do altar, a frieza das fontes de água benta, e o fulgor das velas".[33]

Em suma, a fé que as freiras pregavam e tão devotamente praticavam apresentava-se a Emma em imagens nas quais a concupiscência pairava apenas um pouco abaixo da superfície. Seus entusiasmos religiosos, observa Flaubert, sempre se demoravam no que ela podia ver, cheirar, ouvir e tocar. Ela amava a igreja por causa de suas flores; a música, por suas palavras sonhadoras; e a literatura, pela excitação apaixonada que podia provocar. Era por isso que, "quando ia se confessar, ela inventava pequenos pecados para que pudesse se manter o máximo de tempo possível ajoelhada nas sombras, as mãos unidas, o rosto na grade, abaixo dos sussurros do padre". As metáforas repetidamente usadas nos sermões — "noiva, esposa, amante celestial, casamento eterno — emocionavam-na com uma doçura inesperada até o fundo de sua alma".[34] Havia algo infantil naquela impaciente orientação física: "Ela tinha de extrair uma espécie de vantagem pessoal das coisas", resume Flaubert, "e ela rejeitava como inútil tudo que não contribuísse para o prazer imediato de seu coração — sendo de um temperamento mais sentimental que artístico, buscando emoções, e não paisagens".[35]

As leituras de Emma apenas reforçaram seu hábito de traduzir instrução religiosa em deleites sensuais. Durante a estada no convento, ela devorava romances. A melancolia romântica de Chateaubriand a interessara, embora o culto da natureza não tivesse efeito sobre ela: Emma conhecia o mundo da fazenda bem demais para achá-lo uma fonte de emoções. Em contraste, os romances de sir Walter Scott, aos quais se agarrou pouco tempo depois, eram-lhe iguarias mais seletas. E, não contente em espremer imagens eróticas dos clássicos de seu tempo — é nesse ponto que a pesquisa de Flaubert sobre os sonhos das jovens compensava o tempo nela gasto —, Emma engolia canções sentimentais, poemas de amor fúteis e contos banais sobre amantes aristocráticos e donzelas que desfaleciam, belas damas e nobres cavalheiros, salvamentos audaciosos e beijos emocionantes.

> Ela teria gostado de viver em alguma antiga herdade como aquelas castelãs vestidas com longos corpetes, que, sob o trifólio de arcos ogivais, passavam as horas, os cotovelos sobre a pedra e o queixo na mão, observando um cavaleiro de plumas brancas chegar a galope num cavalo preto de um distante descampado.[36]

Com o tempo, as fantasias alimentadas pelas orgias de leituras de Emma Bovary tornaram sua vida de casada ainda mais difícil de suportar. Depois do casamento, ela tinha se convencido "de que afinal possuía aquela paixão maravilhosa que fora até então como um grande pássaro de plumagem rosada pairando no esplendor de céus poéticos — e agora ela não podia acreditar que a tranquilidade em que vivia era a felicidade com que sonhara".[37] Se tivesse lido menos, ela teria sofrido menos.

3

Flaubert disse certa vez que queria escrever um livro sobre nada. *Madame Bovary* não foi esse livro, pois era uma arma em seu arsenal para uma campanha de vida inteira contra a estupidez, a ganância, o prosaísmo. A náusea e a reação fóbica ao que gostava de chamar de burguesia requerem um exame de seu caráter. Sem depreciar o gênio de um escritor que deu à literatura mundial um de seus monumentos imperecíveis, devemos seguir a pista dos demônios emocionais com que ele lutava, pois isso servirá para definir sua relação com a realidade, com seu livro e com sua cultura. Foi Flaubert, afinal, quem inventou Emma Bovary e Salambô, Frédéric e Rosanette, e o resto de seus mundos imaginados.

As diatribes vingativas de Flaubert superavam em muito quaisquer razões objetivas para queixas contra a sociedade da classe média. Uma de suas sugestões era que ele e os amigos, sentados na sacada, observassem as pessoas passar e cuspissem na cabeça delas. Esperava que *Salambô* "incomodasse o burguês, isto é, todo mundo".[38] Afirmava que seu maior desejo seria queimar Rouen e Paris. Queria lançar os revolucionários de 1871 no Sena. Não podemos minimizar esses desejos sinceros vendo-os como um mero esforço fracassado de humor viril. A repetição opressiva de Flaubert empresta um certo peso psicológico a essas manifestações de um temperamento acerbo. Em alguma medida, seus ódios eram sintomas: sua fobia era, como todas as fobias, uma defesa contra a ansiedade, menos perturbadora do que o terror contra o qual pretendia proteger o sofredor. As inibições do fóbico — quer não possa ele atravessar uma ponte ou observar um burguês sem começar a suar — são sua armadura. Mas tais estratagemas protetores estão fadados ao fracasso: os acessos de engasgo e vômito de Flaubert, ainda que menos graves na realidade do que em seus relatos, eram sinais de que ele não conseguia manter a ansiedade sob controle. Parecer-se com Emma Bovary ou como Pécuchet era mais do que uma estratégia para criar literatura. Para ele, filho e irmão de burgueses, era seu pior pesadelo, e talvez seu desejo mais profundo.

Há duas táticas para lidar com fobias, e Flaubert recorria a ambas. Uma seria isolar-se o máximo possível dos ignorantes, para que o contato com eles não o contaminasse. Os jantares festivos em Paris com amigos literatos de mentalidade semelhante eram atos de sociabilidade autoprotetora, pois nunca eram conspurcados pela presença de um bom burguês. A outra era adotar a atitude contrária à fobia, enfrentar cara a cara a causa de suas reações súbitas. A concentração infatigável nos seus colegas cidadãos "não cultivados", coletando diligentemente seus ditos, documentando suas atitudes, anatomizando incessantemente sua conduta, eram atos de coragem para confrontar o inimigo.

Flaubert era, portanto, um escritor em conflito, indeciso até quanto aos remédios que poderiam lhe ser mais úteis. E seu conflito interior aponta para o que o célebre neurologista francês Jean-Martin Charcot certa vez chamou, ao alcance dos ouvidos de Freud, *la chose génitale*, a mais poderosa de todas as causas. Certamente, para Flaubert, a coisa genital foi algo embaraçoso a vida inteira. Ele nunca resolveu os sentimentos incoerentes sobre o lugar ocupado pela sexualidade em sua vida, incerto quanto a ceder ou a fugir a suas tentações. Em primeiro lugar, Eros tinha um competidor persuasivo: a própria obra de Flaubert. Desde o início de seu caso com Louise Colet, ele foi perturbado mais de uma vez pela necessidade de estar só. Embora fosse onze anos mais velha que ele e frequentadora experiente de algumas camas ilustres, ela havia se conservado muito bela. Ainda assim ele lhe dizia, constante e rudemente, que para ele o amor deve sempre ceder às exigências da arte. "Para mim, o amor não está e não deve estar no primeiro plano da vida. Deve permanecer nos fundos da loja."[39] Decidido a se manter separado de sua *chère Muse*, ele insistia que ela amasse mais a arte que a ele. Quando, em 1843, o escultor James Pradier o aconselhara a começar um caso amoroso, Flaubert se opôs. "Refleti sobre o conselho de Pradier", informou a Alfred LePoittevin, um amigo íntimo de sua juventude, "e é um bom conselho. Mas como segui-lo?" A esposa de Pradier, uma jovem atraente, prendada e separada do marido, foi sua amante por um breve período na época, o que — especialmente o "breve período" — lhe convinha. Ele admitia que um caso amoroso "é o de que preciso, mas não é o que vou fazer. Um coito normal, regular, bem mantido e estável me afastaria demais de mim mesmo, me perturbaria. Terei de entrar de novo na vida ativa, na realidade física, de fato no senso comum, e isso me causou problemas todas as vezes em que o tentei".[40]

Por isso, para satisfazer seus desejos e ao mesmo tempo manter ao máximo sua privacidade, ele ia de vez em quando a um bordel. Em algumas cartas, sem nenhum tato, endereçadas a Louise Colet, ele elogiou a profissão mais antiga e afirmou achá-la fascinante. A ideia do casamento o aterrorizava, assim como a perspectiva de ser pai. Quando Colet insinuou que poderia estar grávida, ele implorou que ela fizesse um aborto. Agradava-lhe que ela vivesse em Paris, uma distância confortável — confortável para ele. Ainda assim, Flaubert a queria, para uma variedade de fins. As cartas para Louise Colet são uma mistura extraordinária de reminiscências eróticas ("Você gritava: 'Morda-me! Morda-me!'. Lembra?"),[41] pequenos ensaios brilhantes sobre a escrita e profissões de fé literária. Quando se afastou da França durante uma viagem de dezoito meses para o Egito e o Oriente Próximo, em 1849 e 1850, ele fez da excursão uma longa orgia (que incluía belos garotos de programa). Além de muitas outras, ele teve relações sexuais com uma célebre cortesã, Kuchuck Hanem, praticando com ela um amor violento, ou ao menos foi o que relatou para seus íntimos na França — mas não para sua mãe — em longas cartas, dando detalhes grosseiros ("chupei-a furiosamente")[42] em muita verborragia lasciva.

A prosa epistolar erótica de Flaubert, bastante amenizada nos escritos publicados, sugere a persistência de assuntos infantis não resolvidos. Nos romances, ele jogava com temas edipianos; com o parricídio e também com seu inverso, o assassinato de um filho desleal pelo pai impiedoso; e com uma perigosa mistura de amor maternal e sensual. Na vida real, tinha alguma dificuldade em manter as duas coisas separadas. Flaubert certa vez escreveu, de forma significativa, que Byron adorava a Itália como alguém adoraria a mãe ou a amante. A intimidade com a irmã mais moça, Caroline, que tinha sido sua companheira nas representações teatrais juvenis e sua confidente durante toda a curta vida dela, tem um aroma erótico curiosamente subversivo, longe de ser sutil ("Que beijos lhe envio!",[43] ela lhe escreveu quando tinha dezoito anos e ele, 21). Como acontece com outros humanos, os pensamentos de Flaubert iam aonde as ações não os seguiam, mas ele os escreveu. De modo geral, como antigo católico, sua irreverência era extrema, quase programática. Ele fantasiava fazer sexo numa igreja italiana: "Seria agradável copular ali à tardinha, escondido atrás dos confessionários, nas horas em que se acendem as lâmpadas".[44] Observou certa vez, antes de ter publicado alguma coisa, que desejava escrever uma história sobre o amor de um homem por uma mulher inacessível que faria o leitor tremer de medo. Sabia, e disse, que havia alguns desejos que não ousava atingir, especialmente a irmã — e Elisa Schlésinger.

Pois ele se apaixonou seriamente uma vez e, a julgar por seus escritos, permaneceu fiel — à sua maneira. Outro amor comentado, Juliet Herbert, a governanta inglesa de sua sobrinha Caroline, mais parece, na ausência quase total de evidências, uma possibilidade encantadora. A paixão sobre a qual *há* evidências foi por madame Schlésinger, a esposa de um negociante genial, astuto, um tanto inescrupuloso. Quando Flaubert a conheceu, na praia em Trouville, ele tinha quinze anos, e ela, 26 — precisamente a diferença de idade que o separaria de Louise Colet. Elisa Schlésinger era alta, morena, voluptuosa, meio lânguida — e indisponível, pois era fiel a seu marido namorador.

Flaubert nunca a tocou e nunca a esqueceu. Uma antiga história autobiográfica, *Mémoires d'un fou* [Memórias de um louco], narra como ele se apaixonou por ela. "Maria", assim ele a chama, "tinha uma filha, uma menininha; ela era amada, ela era abraçada, ela era mimada com carícias e beijos." Era a própria Maria quem "a amamentava, e certo dia eu a vi descobrir o seio e dar o peito à criança". Isso de fato acontecera em Trouville, e a visão parece ter permanecido na mente dele. "Era um seio carnudo e redondo, com pele morena e veias azuis que se podiam ver sob a carne ardente. Nunca tinha visto antes uma mulher nua. Oh! O êxtase singular em que me mergulhou a visão daquele seio, como o devorei com meus olhos, como teria adorado apenas tocá-lo!" Ele tinha a fantasia de mordê-lo apaixonadamente, "e meu coração se derreteu de tanto deleite ao pensar nos prazeres voluptuosos que esse beijo me daria".[45]

Mais de três décadas depois, em *A educação sentimental* (1869), Elisa aparece de maneira notável, um misto de figura maternal para Frédéric e amante desejada, a mulher inatingível de seus sonhos. Três anos depois disso, numa carta comovente em que se justificava a Elisa, Flaubert desculpou-se por não escrever antes e um pouco pateticamente deu como razão a fadiga. "Quanto mais avança minha vida, mais triste se torna. Estou retornando à solidão completa. Envio meus melhores votos de felicidades para seu filho, como se ele fosse meu, e beijo tanto um como outra — mas você um pouco mais, minha sempre amada — *ma toujours aimée*."[46] Ela era uma perfeita burguesa, mas, nesse caso, Flaubert estava disposto a abrir uma exceção.

4

Considerando suas experiências de solteiro inveterado, fanático pelo estilo e *outsider* profissional até a publicação de *Madame Bovary*, Flaubert não poderia ter se surpreendido por, em 1857, os franceses respeitáveis o terem acusado de servir de instrumento para os instintos humanos mais baixos. Eles estavam — ou não estavam? — apenas cumprindo seu papel. No romance, o representante mais notável da vaidade e idiotia da classe média era monsieur Homais, o farmacêutico local, com seus lugares-comuns irrefreáveis, suas enunciações impensadas de fórmulas progressistas — Homais é um *voltairien* — e sua inabalável autovalorização. Uma das cenas que ele protagoniza é particularmente reveladora. Homais está passando um sermão em seu jovem escrivão, que cometeu um erro talvez fatal no preenchimento de uma prescrição. Quando sacode o escrivão de tanta raiva, um livro cai do bolso do rapaz; chama-se *Amor conjugal* e, para torná-lo ainda mais fascinante, tem ilustrações. Quando madame Homais dá um passo à frente para captar um vislumbre dessa interessante publicação, o marido a afasta imperiosamente com um movimento da mão. "Não!", grita. "Não toque!"[47] Sem dúvida, Homais teria proibido a mulher de ler *Madame Bovary*.

Só restava esperar que, nas outras obras de ficção de Flaubert, amantes insatisfatórios como Charles Bovary reaparecessem. Em *A educação sentimental*, Frédéric Moreau tem amantes em Paris, mas seu verdadeiro amor lhe escapa (assim como o de Flaubert). O romance conclui com um dos finais antissentimentais mais enfáticos da literatura moderna. Frédéric recorda, com um amigo, os velhos tempos, sobretudo um ocorrido muitos anos antes em que os dois tinham se apresentado à porta de um bordel local, só para recuarem em pânico. Aquele — eles concordam — foi o melhor tempo da vida deles!

E aqueles rentistas da classe média baixa, Bouvard e Pécuchet, são ainda mais infelizes no amor. Tendo herdado algum dinheiro, eles se movem desajeitados, amadores, pelo espectro da erudição — agronomia, geologia, medicina, filosofia, teologia —, só para naufragar em cada tentativa de se educarem. De passagem, proferem as banalidades que Flaubert andara coletando por décadas. Quando, na frenética busca de sabedoria enciclopédica, passam a investigar o amor sexual, são humilhados mais uma vez. Bouvard é rejeitado por uma viúva avarenta. Pécuchet contrai uma doença venérea com sua empregada. Em suma, Charles Bovary, de desempenho amoroso bem-intencionado, desajeitado e totalmente prosaico, estabelece o padrão para a sexualidade respeitável, assim como Flaubert a avaliava.

Em contraste surpreendente com esses incompetentes amorosos, os amantes de Emma Bovary eram mais do que apenas competentes, mas nenhum deles se porta como um bom burguês. Rodolphe, um proprietário de terras de 34 anos, "tinha um temperamento brutal e uma inteligência astuta. Já tendo acumulado muitas experiências com mulheres, ele as conhecia muito bem".[48] Haveria mais mulheres, assim que tivesse acabado o caso com esse delicioso petisco que tinha virtualmente caído em seu colo. Enquanto elaborava os passos estratégicos para atrair Emma Bovary — essa dona de casa prematuramente cansada, não só bonita como inexperiente —, ele já começava a calcular como se livrar dela depois que tivesse enjoado, como certamente enjoaria. Essa era uma rotina em sua vida antes mesmo de ter possuído a amante do momento. Mas, com Emma Bovary, o tédio demorou mais do que o esperado para chegar. Quando a ligação se tornou mais séria e ela caiu cada vez mais sob aquela dominação sinistra, ele percebeu, nota Flaubert, "que nesse caso amoroso podia explorar outras satisfações sexuais. Decidiu que todas as restrições eram inconvenientes e tratava-a com rudeza. Transformou-a num objeto subserviente e pervertido".[49] Nos esboços para o romance, Flaubert se exprimiu de forma mais clara: Rodolphe tratava Emma como uma prostituta, ele "a f... a valer".[50]* Mas não inteiramente contra a von-

---

* Altamente talentoso para puxar um véu sobre os detalhes de cópulas, deixando ao leitor o trabalho de completar a cena, Flaubert não especifica como Rodolphe corrompe Emma Bovary durante suas relações sexuais. Sem dúvida totalmente ignorante das implicações eróticas do gesto, implicações que se tornaram lugar-comum desde o advento da psicanálise, ele descreve Emma depois de uma relação sexual na casa de campo de seu amante: "ela explorava o conjunto de quartos, abria as gavetas, penteava o cabelo com o pente dele e olhava-se no espelho de barbear.

tade dela. Emma o amava ainda mais por sua rudeza para com ela. "A ligação dela", comenta Flaubert, "era uma espécie de ligação idiota, cheia de admiração por ele e volúpia para ela."[51] Ela o amava, Flaubert disse em suas notas, como a um deus. Emma Bovary, em suma, fazia para Rodolphe o que competia a ele.

Ela fez o mesmo para Léon, o escrivão forense de quem se enamorara por seus discursos sentimentais, antes de ele partir rumo a Paris para aperfeiçoar sua educação em questões legais. Ali ele aprendera muito sobre a vida por meio de seu contato com as *grisettes*, para então retornar um homem mais experiente, mas não necessariamente melhor. "Sua timidez", observa Flaubert, "havia sumido depois de seus contatos com uma companhia animada, e ele retornara para as províncias desprezando qualquer um que não pisasse o asfalto dos bulevares com pés calçados com verniz."[52] Isso lhe dava uma vantagem considerável sobre sua amante provinciana, uma vantagem que ele usava.

Na mente dos leitores da metade do século, a questão da sexualidade em *Madame Bovary* tinha primazia, sendo ainda mais perturbadora do que sua questionável piedade. Em 1857, numa crítica substancial e inteligente do romance, James Fitzjames Stephen — já o encontramos antes no encalço de Dickens — julgava-o apinhado de indecências e achava sua heroína "repugnante". Ele observava que o livro tinha "atraído grande atenção em Paris e fora saudado com muitos aplausos, como um espécime de 'realismo' na

---

Muitas vezes chegava a pôr entre os dentes a haste de um grande cachimbo que estava sobre a mesa de cabeceira, entre limões e torrões de açúcar, perto de uma garrafa de água" (441 [II, 9]). É uma encantadora natureza-morta — encantadora e carregada de apelos sexuais. Mas às vezes, é claro, um cachimbo é apenas um cachimbo.

ficção, por críticos muito eminentes".⁵³* Stephen deixou de reconhecer a suprema ambição de Flaubert: não ser rotulado como membro de alguma escola, mas antes ser ele próprio o primeiro e o último. Se ele admitia estar em alguma companhia, seria, como vimos, uma elite seleta, identificada consigo mesma.

Stephen insinuava que *Madame Bovary* era o tipo de romance que só se poderia esperar de escritores franceses. Esse é um modo como os leitores de Flaubert permitem que sua obra-prima expanda sua relevância para temas maiores, para questões de estilos nacionais no que diz respeito à franqueza e à reticência. Pois, apesar de todas as suas reservas, Stephen recomendava o romance a um público limitado. Merecia a atenção "de todos os que se interessam pela condição da sociedade francesa".⁵⁴ Do micro ao macro: Stephen saudava o livro como um testemunho — talvez melhor, como um sintoma — da moral de toda uma cultura.

Mas ele julgava erroneamente a recepção do romance na França. Pois havia franceses — e francesas — que achavam *Madame Bovary* tão ofensivo quanto qualquer inglês ou norte-americano pudico poderia achar. Em 1856, quando o romance estava sendo publicado em capítulos na *Revue de Paris*, editado pelo político e inconstante Maxime du Camp, amigo de Flaubert, vozes zangadas exigiam sua restrição. Du Camp, desconfortável, percebia que sua revista estava sob o olhar funesto dos censores por causa da postura liberal do periódico. Ele fora advertido mais de uma vez de que um dia as autoridades poderiam acabar suspendendo sua publicação. E assim, em dezembro, recusou-se a publicar aquela cena memorável que detalha, sem nenhuma palavra repreensível, o passeio louco e cheio de meandros num *fiacre* por

---

* Lembramos no prólogo (vide p. 12) que Flaubert não apreciava esse tributo. "As pessoas acreditam que tenho encantos pelo real, enquanto eu o execro, pois foi por ódio ao realismo que comecei a escrever esse romance."

Rouen, durante o qual Emma e Léon fazem amor o dia todo. Ainda que reconhecesse a razão para a prudência de Du Camp, esse ato de autocensura enfureceu Flaubert. Ele queria intacto a qualquer custo o texto que havia tão paciente e dolorosamente arrancado de si mesmo.

Os acontecimentos confirmaram a inquietação de Du Camp. Em janeiro de 1857, quase como que para provar suas previsões, o Estado entrou com uma ação contra o autor, o editor e o impressor de *Madame Bovary* por obscenidade e blasfêmia. A decisão de instaurar o processo aturdiu Flaubert e nunca foi de todo esclarecida. Praticamente até aquele dia, ele achava que seu acesso a figuras proeminentes o manteria a salvo de processos. Em dezembro, ainda se mostrara despreocupado, desfrutando a crescente notoriedade. "O *Bovary* está superando minhas expectativas", escreveu. "As pessoas acham que estou sendo verdadeiro demais."[55] Depois, quando tudo levava a crer que poderia ser realmente colocado no banco dos réus, explicou o fato como um subterfúgio do governo para transformá-lo num bode expiatório. "Sou um pretexto. Eles querem demolir a *Revue de Paris*."[56] Todo o caso, escreveu a seu irmão, Achille, era uma "questão política".[57] Mas, em meados de janeiro, achava que a verdadeira explicação era ainda mais tortuosa. Especulava que a *Revue de Paris* era ela própria apenas um pretexto. "Há *algo* por trás de tudo isso, algo invisível e obstinado."[58] Não era preciso acreditar em teorias de conspiração para farejar maquinações ocultas por trás daquilo.

A perplexidade vacilante de Flaubert documenta que a França da metade do século era uma sociedade profundamente dividida. Mais de meio século depois da Revolução, os franceses ainda discutiam sua natureza e consequências. E esse debate continuava a ser excepcionalmente violento, pois o acontecimento histórico de 1789 não fora a última sublevação a agitar o país; a instabilidade política tornara-se uma constante na vida francesa. Em 1815, depois dos anos agitados de Napoleão I, a Restauração trouxe de volta ao trono a dinastia dos Bourbon e tentou freneticamente reviver as supostas glórias do Antigo Regime. Mas esse anacronismo foi desfeito em 1830 com uma revolução incruenta, quando a ala orleanista da realeza francesa assumiu o poder, e, com ela (acreditava a maioria dos observadores contemporâneos), a alta burguesia. Durou apenas dezoito anos, derrubada em 1848 e substituída pela Segunda República, de curta duração. Mas essa experiência radical (cada vez menos radical com o passar dos meses) teve uma vida ainda mais curta: em 2 de dezembro de 1851, Luís Napoleão, o sobrinho de Napoleão I, que como presidente tinha jurado defender a república, usurpou o poder num golpe de Estado, e precisamente um ano mais tarde fez-se coroar Napoleão III.

Não foi uma solução recebida com entusiasmo por Flaubert, mas, assim como a maioria dos outros homens de letras franceses, ele se submeteu, relutante, às novas realidades. Victor Hugo, a exceção mais notável, chamava sarcasticamente o novo imperador de "*Napoléon le petit*", algo que Flaubert partilhava e expressava — na intimidade. De que outra maneira caracterizar um regime que censurava severamente dramas, jornais, até poetas? Pouco tempo depois do julgamento de Flaubert, seria a vez de Baudelaire ser colocado no banco dos réus por *As flores do mal*, poemas que, achavam os juízes, com um realismo obsceno e blasfemo excitavam indevidamente os sentidos do leitor. A consequência: uma multa de trezentos francos e a exclusão de certos versos em qualquer edição futura. O erotismo manifesto era proibido; a série de amantes que o imperador se permitia desfrutar era, claro, outra história. "As pessoas não eram mais livres e mais inteligentes nos tempos de Péricles do que nos tempos de Napoleão III?",[59] Flaubert perguntava a Louise Colet em 1854. Ele não fez inteiramente as pazes com o império — talvez nenhum regime, à exceção de uma ditadura controlada por homens de letras, lhe conviesse, pois Flaubert, bem como Dickens, era, no fundo, um anarquista. Mas a princípio, quando *Madame Bovary* estava sofrendo ameaças de processo, ele achou que podia ser poupado.

O Império do Sobrinho acabara com o descontentamento político manifesto, mas não sanara as profundas divisões na sociedade francesa. Aqueles que se lembravam da Revolução Francesa com uma autêntica nostalgia eram indiferentes, até hostis, ao catolicismo romano; os crentes, talvez maioria, sobretudo na área rural, temiam o anticlericalismo entre a classe operária e os profissionais liberais como um perigo para a saúde espiritual de seu país. Napoleão III, observou sucintamente o historiador inglês Alfred Cobban, "nunca passou de um aventureiro, mesmo quando estava no trono".[60] Havia certas realizações que ele podia apontar: a expansão do sistema ferroviário, a modernização ambiciosa de Paris. Mas houve sempre algo desagradável sobre seu regime, que o brilho das operetas espirituosas e melodiosas de Offenbach não conseguia ocultar de todo.

Homem ardiloso, o imperador alcançara astutamente uma conveniente aliança com a Igreja e assim assegurara o apoio dos franceses respeitáveis, bem-intencionados. Por isso, a maioria dos historiadores tem visto o caso de *Madame Bovary* assim como Flaubert acabou por considerá-lo: uma questão política. O promotor do Estado Ernest Pinard deve ter sido encarregado do caso por autoridades superiores! Ou se tratava de um oportunista zelando por uma carreira muito promissora, simplesmente achando natural que a ação em nome da cristandade e da boa moral era o que seus superiores desejavam? Sem dúvida, uma demonstração pública de vigilância religiosa não seria fora de propósito.

Como sugeri antes, às vezes um charuto, até um nobre havana, é apenas um charuto. A verdade sobre esse processo pode ter sido bastante simples. Há momentos em que a lição de Edgar Allan Poe em "A carta roubada" se aplica aos motivos: o aparentemente mais oculto é, na verdade, o mais visível. A julgar pela energia com que conduziu o processo, parece que Pinard ficara chocado com *Madame Bovary*, em parte seduzido por sua força literária, em parte convencido de que devia proteger o público daqueles tentadores que convidavam à imoralidade. Ele estava tão compelido pela missão que, quando seus superiores tentaram afastá-lo do caso, protestou com veemência. O livro era uma causa que tomara para si. "Quem lerá o romance de Monsieur Flaubert?", perguntou solenemente ao tribunal. "Homens ocupados com a economia política ou social? Não! As páginas frívolas de *Madame Bovary* cairão nas mãos de pessoas ainda mais frívolas, nas mãos de jovens moças, às vezes nas de mulheres casadas."[61] Que mais tarde na vida Pinard viesse a publicar um livro de poesia obscena — uma deliciosa ironia que não escapou a Flaubert — não desmerece de modo algum seu zelo como jovem promotor. Apenas reforça o que todos sabemos: que, no curso da vida, os seres humanos são muitas vezes brinquedos de interesses incompatíveis.

Em seu discurso ao tribunal, Pinard aplaudiu a arte de Flaubert, mas condenou sua licenciosidade. Citando o que ele estigmatizava como passagens imorais e sacrílegas do romance — duas cenas de sedução, a religiosidade brevemente recuperada por Emma Bovary entre seus dois casos, e seus últimos momentos —, concluía que o autor empregara todos os recursos artísticos disponíveis, sem nenhuma restrição. "Ele não usa escumilha, nem véus, é a natureza em toda a sua nudez, em toda a sua crueza."[62] E ao menos três vezes dirigiu a atenção do tribunal para o que chamava a "poesia do adultério".[63] Mas o advogado de defesa, Marie A. J. Sénard, sobrepujava seu adversário. Utilizou a assistência valiosa do autor para colher parágrafos sensuais de clássicos franceses reconhecidos e também de Montesquieu, o representante inatacável do Iluminismo francês. Quando analisou a acusação de blasfêmia na cena da morte de Emma Bovary, Sénard apontou que o autor se inspirara no ritual católico romano usado nessas ocasiões solenes, que traduzira para o francês e atenuara. Ganhou a briga. Flaubert e seus colegas réus foram absolvidos. Sua única punição: ser obrigados a escutar uma arenga do tribunal por não ter escrito e publicado um livro edificante.

O julgamento se revelou um caso cansativo e intimidador, bem mais do que Flaubert admitia. No final, não mudara nem o autor nem suas opiniões: longe de ser a causa de sua denúncia da burguesia francesa, apenas a confirmou. Afinal, àquela altura, ele já cultivara a fobia da burguesia por uns vinte anos. Mas lhe restou algum consolo nas demonstrações de apoio de círculos influentes. "As damas", mulheres da sociedade com relações imponentes — ele observava —, tornaram-se "*bovarystes enragées*".[64] Algumas até apelaram à imperatriz Eugénie para que poupasse seu autor favorito das angústias de um julgamento. Mas nem todo apoio era inteiramente bem-vindo. Fitzjames Stephen chegou à conclusão inaceitável — por certo inaceitável para Flaubert — de que ele pretendera "escrever antes um livro moral",[65] com a morte torturante da heroína pecadora.

Na França, enquanto isso, Flaubert encontrava aliados inesperados. Alphonse de Lamartine, estadista, poeta maior e historiador menor, afirmava saber *Madame Bovary* de cor e se dispôs a interceder. Mesmo que em 1857, enfrentando um regime inconstante, Flaubert precisasse de toda ajuda que pudesse mobilizar, ele deve ter visto esse defensor particular mais como um problema, porque não tinha boa opinião de Lamartine como romancista. Uns cinco anos antes, escrevendo a Louise Colet, saudara o último romance de Lamartine, *Graziella*, como a melhor coisa que ele fizera em prosa, mas ainda assim medíocre. Para Flaubert o autor deixara até de insinuar uma paixão sexual. "Para começar, para falar francamente", resmungou sobre o tratamento que Lamartine dá ao amor do protagonista, "ele dorme com ela ou não? Não são seres humanos, mas manequins", e, assim, "o principal é tão cercado de mistério que não se sabe o que pensar — a união sexual é sistematicamente relegada às sombras, assim como beber, comer, mijar etc."[66] Flaubert jamais cometeria tal puritanismo — *Madame Bovary* que o diga.

Esse, claro, tinha sido o argumento de Pinard o tempo todo: o espírito difuso do romance era a sensualidade desenfreada; as citações que ele selecionara, disse ao tribunal, estavam longe de lhe fazer justiça. E ele tinha razão: se quisesse transmitir o erotismo que impregna o livro como um perfume pungente, seria obrigado a recitá-lo por inteiro. Mesmo ainda garota, Emma dava pistas do futuro delírio erótico. Charles Bovary, em geral não muito sensível, ficou de imediato encantado por ela. Ao visitar a fazenda da família para cuidar da perna do pai de Emma, Charles a viu, de relance, e voltou — antes para vê-la do que a seu paciente, que estava se recuperando bem. Numa cena impregnada de insinuações das futuras emoções eróticas, Flaubert mostra que Emma já tinha alguma consciência de que era atraente. É uma passagem memorável. Acompanhando o visitante no momento em que deixava a fazenda, Emma ficava a seu lado à espera do cavalo.

> Certa vez, num dia de degelo, a casca das árvores gotejava água sobre o pátio e a neve sobre os telhados derretia. Ela estava no degrau da porta; entrou para procurar a sombrinha e abriu-a. A sombrinha, de seda furta-cor, e que o sol atravessava, iluminava-lhe com reflexos movediços a pele alva do rosto. Ela sorria abrigada no calor tépido, enquanto gotas de água retiniam, uma a uma, na seda retesada.[67]

A cena parece um roteiro para Monet pintar sua Camille ao ar livre brilhante. Até Charles Bovary se vê vagamente provocado pelo tamborilar daqueles pingos sobre a sombrinha de Emma e pelas gotas de suor em seus ombros nus ao sol.

Emma é um ser terreno. Morde os lábios enquanto escuta em silêncio e, quando espeta o dedo com a agulha, ela o chupa num gesto sugestivo, embora inteiramente inconsciente. Certo dia, quando Charles Bovary vem vê-la, ela lhe oferece uma dose de curaçau, enche o copinho dele até a borda e despeja algumas gotas cerimoniosas para si mesma. Depois de bater o copo no dele, ela o ergue à boca. "Como estava quase vazio", Flaubert registra o momento,

> ela se jogou para trás para beber e, com a cabeça inclinada, os lábios puxados para a frente, o pescoço esticado, ela riu ao não sentir gosto nenhum, enquanto a ponta da língua saía entre os belos dentes e lambia o fundo do copo com pequenas arremetidas.[68]

Isso parece um detalhe cuidadosamente plantado para prenunciar uma postura semelhante no futuro de Emma, durante um encontro muito mais culpado.

Pois virá um tempo em que Emma, então Emma Bovary, se inclina para trás, dessa vez num momento decisivo de sua vida. Rodolphe por fim consegue sujeitá-la, depois de um dia inteiro de esforços para convencê-la, no campo.

> O tecido de seu traje de montaria prendeu-se ao veludo do casaco de Rodolphe, ela inclinou para trás a garganta branca, que se intumesceu num suspiro, e tremendo, toda lágrimas, com um longo estremecimento e escondendo o rosto, ela se entregou a ele — *elle s'abandonna*.[69]

Os tempos mudaram: já não achamos essa passividade aceitável: transforma a mulher na cativa que se rende ao conquistador sexual triunfante. Mas a linguagem de Flaubert reflete seu tempo e capta com precisão sua mentalidade, parte expectativa, parte vergonha, quando ela esconde o rosto no instante crítico.

Aquele estremecimento reaparecerá num encontro com Léon. Eles brigam repetidamente e fazem as pazes, mas ela encontra em cada uma dessas uniões mais outra decepção. Numa busca desesperada de reacender os afetos de Léon, ela se atira nos braços dele com mais abandono do que antes.

> Ela se prometia a todo instante uma felicidade profunda no próximo encontro; mais tarde, reconhecia para si mesma que não tinha sentido nada de extraordinário. O desapontamento se desvanecia rápido embaixo de novas esperanças, e Emma retornava a Léon mais excitada, mais ávida. Ela se despia brutalmente: arrancava os cordões finos do espartilho, que sibilavam ao redor de suas ancas como uma serpente deslizante. Saía descalça na ponta dos pés para ver mais uma vez se a porta estava trancada; depois, num único gesto, deixava cair todas as roupas — e, pálida, silenciosa, grave, tombava sobre o peito de Léon, com um longo estremecimento.[70]

Pálida, silenciosa, grave, estremecendo: Flaubert perde poucas oportunidades de lembrar a seus leitores que as escapadas extraconjugais de Emma Bovary lhe causam mais desgraça que alegria. De fato, ela goza um certo período de lua de mel com Rodolphe e, mais tarde, com Léon; depois que dormiu pela primeira vez com Rodolphe, ela se sente exuberante: "Tenho um amante!".[71] Mas é assombrada pela ansiedade de que possa perder o que tão imprudentemente adquiriu e está tão dispendiosamente mantendo. Há momentos, na verdade, na busca de encontros amorosos temerários e loucos, em que ela se pergunta se não teria sido melhor se tivesse permanecido uma boa e fiel Madame Bovary. Como ela tem de encontrar desculpas cada vez mais extravagantes, cada vez mais arriscadas para se encontrar com os amantes, seu desejo de satisfação sexual se mistura tão intimamente com a raiva que ela acha impossível separar os dois sentimentos.* E, quando os casos chegam ao fim, ela sofre ainda mais. Prometendo partir com ela, Rodolphe a abandona. Quando as dívidas se tornam opressivas, Léon se recusa a ajudá-la. Quando, censurando Rodolphe por seu cinismo, ela fala sobre a raiva do amor, está confessando seu verdadeiro estado de espírito. Tristemente, em seu adultério, nota Flaubert, ela redescobriu "todas as platitudes do casamento".[72]

5

O relato de Flaubert sobre as leituras de Emma Bovary, suas paixões, a crueldade dos vizinhos quando seus problemas de dinheiro se tornam incontroláveis, pode parecer às vezes um tanto forçado. Mas a própria hipérbole do autor liga o romance à sua cultura. Como todos os que manejam a sátira, ele sabia que uma dose de exagero é o sangue que lhe dá vida — desde que não exceda os limites da probabilidade! "O ideal", ele observou a Hippolyte Taine, "é escrever realisticamente, e só se pode escrever realisticamente escolhendo e exagerando."[73] Mas isso não significava que Flaubert admitia que os insultos às vezes inspirados e sempre excessivos que acumulava sobre os burgueses fossem de algum modo exagerados,

---

* Assim que Flaubert mostra Emma Bovary desgostosa com seu casamento burguês, tedioso, ele começa a comentar, repetidamente, o estado de espírito furioso dela — contra o marido, contra si mesma, contra algumas queixas não especificadas — na mesma época em que os vizinhos elogiam a jovem esposa por sua administração da casa. Dois exemplos: "Ela estava cheia de cobiça, raiva, ódio" (389 [II, 5]). E, um pouco mais tarde, depois que se apaixonou por Léon: "Seus apetites carnais, seu desejo de dinheiro, sua melancolia causada pela paixão [por Léon], tudo se misturava numa única angústia" (ibid.).

quanto mais injustos. Eram, para ele, declarações sucintas sobre verdades aterradoras que caracterizavam a cultura de classe média da França do século XIX.

Sua sociedade, ele acreditava, estava irreparavelmente marcada por uma traição do eu, a que se tem dado o nome de "inautenticidade" desde a metade do século XIX. Os altos ideais que os burgueses professavam estimar eram, para Flaubert, um monte de mentiras, sobretudo mentiras que eles próprios diziam. O casamento, os negócios, a política, a religião, a educação das crianças e o consumo da arte, da literatura, do teatro e da música eram todos praticados de olho na aprovação pública e nas oportunidades de ascensão social. A sinceridade era a primeira baixa da burguesia. Quaisquer que fossem os epítetos que os críticos lançassem aos representates da classe média — "hipócrita", "filisteu", "vigarista", "charlatão", "magnata ladrão", talvez "merceeiro", o mais grave de todos, ao menos na França —, tudo na vida atestava a acuidade desses adjetivos. Os críticos burgueses, os patronos burgueses, os colecionadores burgueses, os editores burgueses reinavam supremos, acreditava Flaubert, e as ruínas que deixavam atrás de si eram bastante evidentes. Às vezes o gosto real da burguesia se afirmava: a ficção ordinária que provocava êxtases em Emma Bovary e modelava suas expectativas tinha sido por muito tempo o prato predileto dos leitores franceses.

Emma era, portanto, um exemplo instrutivo da inautenticidade geral, uma pequena réplica de sua sociedade. O narcisismo de Emma espelhava o narcisismo de seus vizinhos; o comportamento dela era uma pobre imitação de seus modelos literários. Nem mesmo seu aventureirismo sexual era inteiramente próprio; ela adaptava docilmente seus desejos eróticos aos homens de quem se permitia ser o brinquedo. Rodolphe, sobretudo, ensinou-lhe quais eram os desejos "naturais" dela própria. Se vivesse hoje e consultasse uma assistente social, ela escutaria que seu problema era baixa autoestima.

* * *

    Atacando a cultura francesa com o retrato individualizado de Emma Bovary ou com generalizações mordazes, a aversão de Flaubert a seu mundo abrangia a tudo. Ele pontuava suas cartas com a belicosa palavra "vingança". Em 1853, identificando-se com o desânimo de Louis Bouilhet quanto à sua incerta fortuna literária — "*Louis Bouilhet, c'est moi!*" —, ele o aconselhava a tratar a sociedade com tanta dureza quanto fora por ela tratado, e com lealdade assumia pessoalmente sua queixa: "Ah! Vou me vingar! Vou me vingar!".[74] Assim como Dickens, Flaubert alimentava rancores contra qualquer alvo à mão — realmente contra toda a sociedade. Quando, dois anos mais tarde, o Théâtre Français rejeitou um drama de Bouilhet, ele consolou o amigo no mesmo tom: "Os obstáculos que você está encontrando confirmam minhas ideias. Todas as portas se abririam, se você fosse medíocre". A ingenuidade de Bouilhet o espantava — "Então você não sabe que, nesta encantadora terra da França, eles execram a originalidade?" — e Flaubert dava vazão a seu mau humor com a rudeza característica: "Sinto contra a estupidez de minha época um ódio que me sufoca. A merda sobe à boca, como em hérnias estranguladas".[75] Como disse a George Sand em 1867: "Dissecar é vingar-se".[76] E dissecar, sabemos, era o que ele fazia de melhor.

    Numa crítica sagaz a *Madame Bovary*, Baudelaire sentia que o motivo fundamental do romance era uma espécie de oposição decidida. Ele via o autor fazendo uma declaração de implacável descontentamento, enquanto descarregava sua revolta contra seu país explorando o tema menos promissor possível — precisamente porque era tão pouco promissor. "Numa tela banal, vamos pintar num estilo que é vigoroso, pitoresco, sutil e exato", ele imaginava Flaubert pensando.

> Vamos colocar os sentimentos mais ardentes e apaixonados nas aventuras mais prosaicas. As declarações mais solenes sairão das bocas mais imbecis. Qual é o verdadeiro lar da imbecilidade, a sociedade mais estúpida, mais produtora de absurdos, mais abundante em tolos intolerantes? As províncias. Quais dentre seus habitantes são os mais insuportáveis? As pessoas comuns, incessantemente ocupadas com pequenas atividades, cujo próprio exercício distorce suas ideias.[77]

Essa é uma intuição sutil, que chega às intenções definitivas de Flaubert traduzidas em arte pela força da vontade e do puro gênio.

É certo que no cânone da literatura moderna — estou supondo que exista tal coisa — o lugar proeminente, até dominante, de *Madame Bovary* continua assegurado. O romance permanece tão estimulante, tão absorvente hoje quanto era há um século e meio. Mas o uso dele para um historiador *na qualidade de* historiador é severamente limitado. Como tenho mostrado com algum detalhe, apesar de todo o compromisso com o princípio da realidade, o romance não era uma apresentação desinteressada da evidência. Mesmo seu subtítulo aparentemente inócuo, "*Moeurs de province* — costumes provincianos", tinha um ferrão oculto, ao menos para os iniciados: aqueles que faziam parte do círculo de Flaubert entendiam *province* como sinônimo da monotonia, do convencionalismo, da religiosidade rasa (ou pior, sincera). O livro é uma arma para molestar. Por mais determinados que estejamos para aprender com *Madame Bovary*, o romance nos diz mais sobre a situação difícil da vanguarda francesa ou sobre as ansiedades do autor do que sobre a França de Napoleão III ou Rouen, seu lugar de nascimento.

Afinal, na década de 1850, a cidade normanda de Rouen, cujos cidadãos tanto nauseavam Flaubert, resumia-se a um porto de 100 mil habitantes que não era, reconhecidamente, nenhuma meca das artes. Só em 1880, o ano da morte de Flaubert, um museu de arte foi inaugurado ali. Para o escritor que tinha como peça favorita *Hamlet* e ópera favorita *Don Giovanni*, os cidadãos de Rouen talvez não tivessem sido a companhia mais fascinante. Mas a caricatura que traçou deles, assim como de seus primos provincianos — infalivelmente grosseiros, avarentos, materialistas, praticamente incomunicáveis —, estava longe de lhes fazer justiça. Como a capital de seu *département*, Rouen era um centro vivo de comércio e indústria, o lar de funcionários eclesiásticos e governamentais de altas posições. Vangloriava-se de ter entre seus cidadãos mais ricos François Depeaux, construtor de navios, comerciante de algodão, filantropo, iatista amador e colecionador de pinturas impressionistas, que naqueles anos ainda eram pouco consideradas. Há boas evidências de que os burgueses locais eram leitores de ficção de alto nível, o tipo de leitura que Flaubert teria aprovado se tivesse se dado ao trabalho de lhes perguntar sobre os romances em suas mesas de cabeceira. Alguns deles até liam Flaubert. As famosas definições em seu *Dicionário das ideias feitas*, que reunia o que ele desprezava como a essência da sabedoria burguesa — "CONCERTO. Passatempo polido" ou "ROMANCES. Corrompem as massas" —, não eram de modo algum aplicáveis a todos os habitantes de Rouen.

Mas o desejo de Flaubert de ofender e escandalizar o público de mentalidade tacanha sobrepujava sua paixão pelos fatos. "Vou chocar os *outros* com o livro?", ele perguntava em outubro de 1856, quando *Madame Bovary* estava sendo publicado em série, e respondia à própria pergunta: "Espero que sim!".[78] Na verdade, ele nem sequer resistiu a dar um último golpe na França respeitável nas últimas frases do romance. Depois da morte de Emma, os bens de seu marido são vendidos para pagar as dívidas que ela contraíra, e Charles Bovary, esmagado pelas revelações da vida secreta de sua esposa e inconsolável com a morte dela, logo morre de causas desconhecidas — a autópsia nada revelou —, realmente de um coração partido, "um nebuloso fluxo de amor" que manteve vivo até o fim. Enquanto isso, monsieur Homais, mestre do clichê liberal, elevou-se a uma particular distinção em sua pequena cidade. "As autoridades fazem as vontades dele, e a opinião pública o apoia. Ele acaba de receber a cruz da Legião de Honra."[79] Flaubert queria deixar perfeitamente claro: não importava quem tivesse perdido, a vitória era da burguesia.

3. O ARISTOCRATA REBELDE

Thomas Mann em *Os Buddenbrook*

Primeira edição de *Os Buddenbrook* de Thomas Mann, 1901. Cortesia de S. Fischer Verlag.

1

    Ao contrário de Charles Dickens e Gustave Flaubert, que procuravam escrever uma literatura esteticamente louvável, aproveitando para se deleitarem com a descarga de agressividade política, Thomas Mann tentou a profundidade, uma qualidade que há muito tempo perturba os críticos da psique alemã. Em sua correspondência, em declarações autobiográficas e nas entrevistas que parece ter apreciado muito, ele mantinha firmemente que *Os Buddenbrook*, seu primeiro romance, publicado em 1901, quando ele tinha 26 anos, era um livro profundamente alemão, "eminentemente nórdico". Era, dizia ele, o romance de um moralista, e ele proclamava Richard Wagner, "o Mais Poderoso", como seu mestre. Wagner lhe tinha ensinado os usos dos *Leitmotiven* e das fórmulas emblemáticas, "a elevação metafísica, simbólica do momento".[1]

    Não era Wagner seu único modelo; ele ligava sua herança intelectual também a Schopenhauer e Nietzsche, antes filósofos que romancistas. Isso para não falar de sua famosa ironia, que ele começava a tornar uma assinatura distintiva. Mas nem todos os leitores de Mann o seguiam nos reinos mais elevados do pensamento. "Muitos amplos círculos", dizia um pouco amargo, apreciavam-no sobretudo como o "relator de bons jantares";[2] desapontava-o que tantos não tivessem percebido seu ambicioso programa, a conquista do transcendental.

Mas Mann integrava os *Leitmotiven* e os símbolos em seu texto de modo tão cabal que se lê *Os Buddenbrook* como uma daquelas narrativas familiares terrenas, sólidas, tão apreciadas na época. Ele tinha formado seus personagens, dizia, "em parte com base em pessoas vivas", "lembranças de casa, dignas e obscenas", e "indivíduos e circunstâncias que haviam deixado uma impressão em minha juventude receptiva".[3*] A notícia — escreveu a um amigo em 1903 — de que "há em minha cidade natal algumas pessoas que acham minha vida e minhas aspirações não de todo desprezíveis é cara para mim e valiosa. No fundo, não se pode ser inteiramente indiferente a uma cidade sobre a qual se escreve um livro de 1100 páginas".[4] Em suma: *Os Buddenbrook* era aos olhos de seu autor um livro sobre Lübeck escrito por um romancista nascido e criado em Lübeck. Quando o crítico de teatro Julius Bab lhe perguntou onde Thomas Buddenbrook, o personagem central, tinha morado, Mann respondeu como se estivesse dando um endereço real: "Na realidade, a casa de Thomas B. não ficava na Fischergrube, mas na Beckergrube, que segue paralela àquela. Era o número 52".[5] Ele soa precisamente como o mais convencional dos realistas, ainda que um realista que não desejava ficar aprisionado pelo princípio da realidade.

Uma crônica familiar sem rival na literatura alemã nos últi-

---

[*] "Trabalhei com a ajuda de papéis da família e informações comerciais", escreveu a Joseph Warner Angell em 5 de novembro de 1937, "que obtive em minha cidade natal", *Thomas Mann. Teil*, I, 97.

mos dois séculos, o romance de Mann delineia a ascensão e a decadência de quatro gerações de um clã próspero e cívico de negociantes desde meados da década de 1830 até por volta de 1880, com muito mais ênfase na trajetória descendente do que na ascendente. Os Buddenbrook são aristocratas bairristas e presunçosos, e o livro vai do velho Johann Buddenbrook, que consolidou a fortuna do clã, até seu último protagonista, Hanno, o fim da linhagem da família.

Há um momento aterrorizante em *Os Buddenbrook*, quando o pequeno Hanno, então com oito anos, descobre o registro da família, em que gerações anteriores inscreveram os dias mais significativos de sua vida e ocasionalmente acrescentaram pequenos comentários. Ele folheia casualmente as páginas e descobre nomes da família — Justus, Johann, Kaspar — e a data do nascimento dessas pessoas. Depois, também casualmente, pega uma régua, uma caneta dourada e traça duas linhas paralelas nítidas ao final da lista. Naquela noite, o pai, Thomas Buddenbrook, chefe da família na terceira geração, nota por acaso o desrespeito cometido pelo filho e, furioso, insiste em saber por que ele fizera uma coisa assim tão terrível. "O que é isto? Responda!", diz bruscamente ao menino. "Eu achei... achei...", gagueja o assustado Hanno, "que acabaria por aqui."[6] Thomas Mann não era escritor para inventar momentos simbólicos só para desperdiçá-los. Sabemos que acabaria por ali.

O cenário de *Os Buddenbrook* é uma cidade não nomeada do norte da Alemanha. Ao acompanhar os anos que passam, o romance atravessa os principais marcos da vida familiar, namoros, casamentos, batizados, aniversários, brigas, divórcios, visitas ao dentista. Mas Mann, plenamente ciente de que estava anatomizando uma dinastia de comerciantes, não deixou de mencionar o modo como os Buddenbrook ganharam e às vezes perderam dinheiro. Ele não só registrou com esmero maneiras, gostos e linguagem — as expressões francesas que pontuam a fala da primeira geração, o modo aristocrata de se dirigir aos criados —, mas também os atos como negociantes. Os Buddenbrook são comerciantes da antiga escola, cavalheiros ciosos de sua palavra, conservadores num mercado em rápida mutação. Acham mortificante que um de seus genros termine na bancarrota, e outro, autor de um desfalque, na prisão.

Apenas uma vez um deles, Thomas Buddenbrook, recorre a uma manobra inescrupulosa. Hesitante, depois de um angustiado debate interior, ele decide que, ao menos uma vez, vai pôr de lado os princípios da família, que são os seus. Compra por um preço baixíssimo uma grande fazenda pertencente a um aristocrata que precisa desesperadamente de dinheiro, e espera assim vender a colheita com um lucro exorbitante. O que o persuade a abandonar a retidão é um comentário de sua irmã, Tony (que é amiga íntima da mulher do nobre em apuros), de que se ele deixar de tirar proveito dessa barganha, ajudando assim generosamente um conhecido e trazendo dinheiro novo para a firma da família, seus rivais, os Hagenström, abocanharão a oportunidade.

Não é ganância, portanto, o que desvia Thomas Buddenbrook de seus hábitos honrados, mas o desejo ansioso de provar a si mesmo que os Hagenström ainda não usurparam o lugar de destaque dos Buddenbrook na cidade. Um pouco depois, no outono daquele mesmo ano, enquanto a firma está celebrando seu centenário com pompa e discursos, um dos subalternos de Thomas lhe traz um telegrama: a colheita fora arruinada por uma tempestade de granizo. Parece um castigo providencial, embora a mão da vingança, é claro, e a escolha do tempo totalmente apropriado de sua execução sejam de Thomas Mann. É o moralista metafísico em ação, que só raramente resistia a criar um clímax espetacular. A mensagem é clara: quando um Buddenbrook tenta ser um capitalista moderno e cruel, ele vai fracassar ainda mais do que se nunca tentasse adaptar as estratégias de seu negócio aos tempos mais duros.

Os Hagenström são sintomáticos desses tempos, uma nova estirpe de capitalistas — sem tradição, sem respeito pelos ancestrais, tão extravagantes para gastar dinheiro como para ganhá-lo. O chefe atual da família, Hermann Hagenström, é cordial, mas, ao que parece, não muito escrupuloso. Mann quer claramente que o leitor lhe tenha aversão, pois o retrata tão medonhamente gordo que seu queixo duplo se espalhou, por assim dizer, para as bochechas. Nenhum personagem de Dickens havia sido tão repulsivo. Ele é um homem que construiu para si mesmo uma casa opulenta que nada deve à arquitetura tradicional de que seus concidadãos tanto se orgulham, um homem que come patê de *foie gras* no café da manhã — em suma, o exemplo perfeito do *parvenu*. No final, ele assumirá a antiga posição econômica dominante de que os Buddenbrook haviam outrora desfrutado e — símbolo dos símbolos! — comprará a mansão deles.

Essas lutas pelo poder econômico e social parecem material que o historiador social e cultural só pode saudar com prazer. Mas Mann insistia que opor à *Bürgertum* em decadência à burguesia ascendente nunca foi seu principal interesse. Antes, o problema que tinha estimulado sua produtividade, escreveu alguns anos mais tarde, era biológico-psicológico, uma fascinação pela alma humana. "O sociológico-político", escreveu, "eu apenas fui captando meio inconscientemente; preocupava-me muito pouco."[7] Ainda assim, preocupava-o o suficiente para se dar ao trabalho, alguns anos mais tarde, quando sociólogos como Max Weber, Ernst Troeltsch e Werner Sombart — todos alemães — escreveram tratados caracterizando o capitalista moderno como uma figura compulsiva e abnegada, de observar que já tinha descrito o tipo em seu romance sem nenhuma ajuda dos cientistas sociais.* O que nos

---

* "Dou grande importância à afirmação de que intuí e inventei por minha própria conta, sem leituras, por meio de percepção direta, o pensamento de que o homem aquisitivo do capitalismo moderno, o burguês com sua ideia ascética de dever pro-

deixa a questão de saber se Mann, meio inconscientemente, talvez tivesse conseguido fornecer ao historiador observador mais informações sobre o domínio "sociológico-político" do século XIX do que pensava estar revelando.

Segundo seu próprio testemunho, portanto, Mann estava à procura de algo maior do que escrever "meramente" uma narrativa realista de família. O que ele chamava de o "biológico-psicológico", que o interessava acima de tudo, era a grande questão da vida e da morte. Sobretudo da morte: até por volta de seus cinquenta anos — pode-se datar o fim dessa paixão com bastante precisão no início da década de 1920 — ele teve um caso romântico com a morte, alimentado por seus três mestres, mas principalmente por Wagner. Ele tornou sua a conjunção fatal de amor e morte — o *Liebestod*. Era natural que elegesse *Tristão e Isolda* como o texto favorito.

Essa atitude continuou a dominar a mente de Mann por anos após a publicação de *Os Buddenbrook*. Pouco depois de terminar o romance, ele escreveu uma novela, *Tristão*, que proporcionou a seu espírito sarcástico e mórbido amplo espaço para se manifestar. A novela se passa num sanatório lotado, com um "amante" grotesco no papel de Tristão, um esteta ineficaz mas falante, e uma jovem mãe no papel de Isolda, uma ótima pianista a quem os médicos proibiram de tocar piano para que a tensão não piorasse sua condição já grave — uma alusão antes ao destino de Antonia em *Contos de Hoffmann*, de Jacques Offenbach, do que ao de Isolda em *Tristão e Isolda* de Wagner. Mas, assim como a heroína de Wagner,

---

fissional, é uma criatura da ética protestante, do puritanismo e do calvinismo, e fui descobrir só mais tarde, apenas recentemente, que essa ideia já fora pensada e expressa ao mesmo tempo por pensadores eruditos" (*Betrachtungen eines Unpolitischen, Werke*, XII, 145).

a de Mann também morrerá, não de amor, mas de tuberculose. Ao escrever *Tristão*, Mann obviamente ainda pensava em Wagner, mas ele podia tomar uma certa distância irônica do mestre: chama sua história de burlesca. Entretanto, a espantosa liberdade, ao tratar com humor essa música mortalmente séria, não consegue obscurecer sua visão profundamente pessimista da vida, na qual Eros implica e atrai Thanatos.

Tristão e Isolda morrem dando a entender que desejavam a extinção, mas ao mesmo tempo a morte deles é a expressão de uma vitalidade transbordante. Tristão parecia estar construindo obstáculos que o impedissem de consumar a paixão por Isolda. Mas o casal está animado pela fantasia de uma felicidade indefinidamente prolongada. Seu destino encarna uma filosofia do amor articulada nas décadas vitorianas por poetas religiosos como Coventry Patmore e Charles Kingsley — nenhum dos dois wagneriano. Para eles, a promessa de paraíso era nada menos do que uma relação sexual prolongada até a eternidade. E poucos críticos profissionais ou meros ouvintes deixaram de notar que a partitura de Wagner para *Liebestod* é a volúpia encarnada. Com orquestração exuberante, cadências arqueadas, grandes pontos altos seguidos de um relaxar sereno, é a relação sexual traduzida em música.

Também não é segredo que a fantasia de morrer juntos ecoa a consumação do orgasmo simultâneo. O que os franceses chamam de "pequena morte" no enlace carnal elimina por um momento de clímax os limites que separam os amantes, transcende os seus seres individuais para misturá-los, muito bela e intensamente, enquanto são carregados para uma lassitude impregnada pelo desejo de morrer dessa maneira de novo, e de novo, e de novo. Não é preciso ser um Wagner para compor essa música; o pequeno Hanno, como veremos, compôs uma bela aproximação do amor-morte musical, mesmo que seu conhecimento do Mais Poderoso devesse ter sido quando muito escasso.

O burlesco *Tristão* não saciou o apetite de Mann por incursões irônicas no território de Wagner. Em 1905, ele escreveu um conto, "O sangue dos Walsungs", que poucos leram: ele o retirou de publicação, mandou que fosse impresso numa edição luxuosa e nunca o incluiu em suas obras reunidas. O rumor embaraçoso de que se tratava de um conto antissemita — os protagonistas, os gêmeos inseparáveis de dezenove anos, Siegmund e Sieglinde, pertencem a uma rica família judia, os Aarenhold, de Berlim — teria sido especialmente problemático para Mann depois de 1933, e ele o manteve fora de circulação. Sieglinde está noiva de um negociante chato não judeu, de quem gosta muito menos do que gosta do irmão. Ela e Siegmund assistem a uma encenação de *A valquíria*, que torna manifesto o que esteve implícito o tempo todo: o amor incestuoso de um pelo outro. Eles o encenam mais tarde, em casa, no quarto luxuoso de Siegmund, sobre o tapete de pele de urso. Assim Mann faz com que a vida imite a arte.

A política nacionalista e conservadora que Mann professava nesses primeiros anos soava no curioso amálgama de erotismo e reflexões metafísicas que ele chamava filosofar. Ele insistia que só um alemão poderia ter escrito *Os Buddenbrook*. Em *Reflexões de um não político* — enorme panfleto patriótico em que trabalhou durante a Primeira Guerra Mundial para se opor ao cosmopolitismo de seu irmão mais velho Heinrich — ele chegou a perguntar retoricamente: "Pode alguém ser filósofo sem ser alemão?".[8] Ser alemão significava ser profundo, rejeitar como trivial o racionalismo tão popular na França e na Grã-Bretanha contemporâneas, e como raso seu ancestral, o Iluminismo ocidental. Para o jovem Thomas Mann, e para muitos colegas alemães, os pretensos filósofos eram um grupo irresponsável, sem tradição, com inteligência de mesa de café e que defendiam heresias como a possibilidade do aperfeiçoamento humano, o triunfo da prosa sobre a poesia, e outras fantasias blasfemas. Com uma perspectiva tão solene sobre o mundo, ficava fácil concluir que o fim da vida — não apenas sua conclusão, mas sua finalidade — era a morte.

Essas não eram ruminações impessoais, puramente teóricas, para Thomas Mann. Durante aqueles anos ele pensou na morte com frequência, inclusive na própria. No início de 1901, revelou suas tendências suicidas ao irmão Heinrich, com quem estava ligado então, e assim continuaria por muitos anos, numa tensão de amor-ódio; relatou "depressões realmente terríveis, com intenções sérias de eliminar a si próprio — *Selbstabschaffungsplänen*".[9] Foi um período particularmente tenso para ele; aguardava ansioso uma palavra de seu editor, Samuel Fischer, para saber se teria de fazer cortes de monta no imenso manuscrito de *Os Buddenbrook*. Enfrentando bravamente a situação, com uma leveza forçada, explicou ao irmão qual era de fato o tema de seu romance: "Tudo é metafísica, música e erotismo adolescente".[10]

É um resumo justo do romance; todos os três temas aparecem regularmente na obra. Mas é claro que Mann, o trovador wagneriano da morte, tratava com particular satisfação de doenças fatais. Suas fartas descrições dessas estradas régias para a extinção estão entre as passagens mais admiradas na ficção alemã; competem, em crueldade, com o relato de Flaubert sobre a morte de Emma Bovary. O contraste com as cenas de morte moralizantes de Dickens, com o rosto voltado para o céu e resoluções devotas, não poderia ser maior. Thomas Buddenbrook, um respeitado senador e negociante que pouco a pouco perde o gosto pelos negócios e começa a refletir, em ruminações doentias, a respeito da natureza da vida — especialmente de *sua* vida —, é uma das baixas mais espetaculares no livro. A caminho de casa depois de uma sessão dolorosa no dentista, ele sofre um derrame na rua e desaba. Ali o encontram, deitado de bruços na imundície, o casaco de pele e as luvas de pelica branca salpicadas de sujeira e neve derretida. Morrerá pouco tempo depois.

O único filho de Thomas, Hanno, o último do clã, não terá melhor sorte. Sonhador e delicado, ele gosta de brincar e fantasiar ao piano — embora Mann, sempre temeroso de ser apanhado em sentimentalismos, insista que o talento musical do menino é quando muito modesto. Depois de narrar com alguns detalhes um típico dia na escola para Hanno (autoritário e nada compensador) e mais tarde em casa — ele tem então quinze anos —, Mann abre abruptamente o capítulo seguinte num tom clínico, radicalmente diferente: "Com a febre tifoide, as coisas se passam assim".[11] Após duas páginas de descrição médica, é claro que Hanno deve morrer.

Mann é igualmente pródigo com tópicos menos graves, mas ainda assim desagradáveis. Ele reproduz, com todos os detalhes, a conversa bastante repulsiva de Christian Buddenbrook, o irmão de Thomas, à mesa do jantar, com seus relatos ridículos e lamurientos de seus sintomas físicos. Em suma, ninguém poderia acusar Thomas Mann de falsa delicadeza. Afinado com outros realistas literários desinibidos da época, ele não desviava os olhos dos domínios físicos da vida. Mas há um tema elementar que ele mal deixa aflorar ou o faz apenas indiretamente: o amor erótico.

Com essa reserva, Thomas Mann estava muito mais próximo de Dickens que de Flaubert e em consonância com outros realistas alemães. Os alemães tinham descoberto tardiamente o realismo, mas à época em que Mann escreveu as primeiras histórias, na década de 1890, eles já tinham percorrido um longo caminho em direção a seus colegas no exterior. Certos periódicos progressistas defendiam peças teatrais e romances que eram explícitos sobre questões sociais — a crítica social, uma característica tão proeminente no drama de Ibsen e nos romances de Zola, e um elemento tão natural em todo o realismo, estava se tornando cada vez mais familiar para os escritores alemães, como bem atestam dramaturgos como Gerhart Hauptmann e romancistas como Theodor Fontane. Mas essa franqueza não se estendia à paixão sexual, pelo menos não ainda. Flaubert descreve livremente a heroína entregando-se a fantasias eróticas, o modo como ela se despe apressada para se juntar a seu amante Léon na cama em algum hotel vagabundo. Mann não.

Em mais de um quarto de milhão de palavras, à parte uns poucos cumprimentos amistosos ou familiares, há apenas seis beijos no romance. À exceção de dois, todos se relacionam significativamente com a vida de Tony Buddenbrook, que, à medida que prossegue a saga familiar, começa a ocupar um lugar cada vez mais central. Ela apareceu na cena de abertura como uma menina de oito anos, sendo catequizada pela mãe e pela avó, e está presente no final, quando ela, a mãe de Hanno e mais alguns, também de luto, falam sobre Hanno. Sincera, um pouco esnobe, não tão inteligente, mas extremamente jovial, Tony, embora muito atormentada pela vida, é a grande sobrevivente da família.

Os quatro beijos de que ela é a beneficiária duvidosa ou testemunha horrorizada não levam a nenhuma resolução feliz; são envergonhados e vergonhosos. O primeiro ocorre enquanto ela é ainda uma colegial, alvo de um arroubo amoroso frívolo de um menino da sua classe, uma manifestação desajeitada de puberdade não só impudica como pouco bem-vinda. Mais tarde, como jovem mulher, ela vê sua sorte melhorar por um breve período, num interlúdio amoroso inesperado, espontâneo, inesquecível, o momento mais romântico — o único momento romântico — em *Os Buddenbrook*. Um certo Herr Bendix Grünlich, de Hamburgo, um negociante respeitoso, até servil, com quem seu pai fizera alguns negócios, parece decidido a casar-se com Tony e aproxima-se de seus pais para levar adiante a corte. Mas ela se recusa energicamente a ouvir falar do casamento, porque, no fundo do coração, detesta Grünlich. Conseguindo um adiamento temporário, ela foge para um balneário onde conhece Morten, um estudante de medicina atraente e idealista. Os passeios e as conversas são de todo inocentes, e ele é completamente inadequado — sem o diploma! — para ser o marido de uma Buddenbrook.

Mas certo dia, quando estão sentados juntos na praia, ela deixa claros seus sentimentos, e ele lhe pede que confirme a promessa de amá-lo e de não ter nada a ver com pessoas como Grünlich. "Ela não respondeu, nem sequer olhou para ele; apenas escorregou a parte superior do corpo sobre o monte de areia um pouco mais perto dele, muito delicadamente, e Morten a beijou lenta e desajeitadamente na boca. Então eles desviaram os olhos em direções diferentes sobre a areia, envergonhados até não poderem mais."[12] Ela nunca mais verá Morten, mas ele viverá em suas conversas durante anos, competindo invisivelmente, para grande desvantagem destes, com os homens com quem ela se casará.

O terceiro beijo é a marca formal de seu noivado com o insuportável Grünlich; o pai de Tony, que sofreu reveses nos negócios, espera que o genro o ajude a recuperar a fortuna. "Nada de cerimônias desnecessárias! Nenhum empecilho social! Nada de carícias indiscretas! O sopro discreto de um beijo em sua testa na presença dos pais tinha selado o noivado."[13] Infelizmente, Grünlich, longe de ajudar a firma Buddenbrook, será desmascarado como um vigarista que confessa ter se casado com Tony apenas por dinheiro. Nem o quarto beijo é mais charmoso. Ela se casou de novo, com um certo Herr Permaneder, um bávaro enérgico. Ele não é ganancioso — um alívio bem-vindo depois de Grünlich —, mas é dado a olhar para onde, como marido burguês, não deveria olhar. Para sua grande consternação, Tony o apanha lutando com a empregada num abraço pouco digno. Ela não quer ouvir desculpas e recusa toda e qualquer reconciliação. Assim termina seu segundo casamento.

E o quinto e o sexto beijo? Numa floricultura modesta e afastada, Thomas Buddenbrook os dá numa vendedora "maravilhosamente bonita",[14] de aparência exótica — é Anna, que foi sua amante por algum tempo. Ele está se despedindo: vai fazer um curso na área comercial para um dia assumir a empresa do pai e, para isso, tem de ir para Amsterdã. Naturalmente isso significa o fim do caso, por mais encantador que pareça ter sido para ambos. O casamento está fora de questão — Anna nem mesmo tinha esperado por isso. Ele deve casar-se bem e está partindo em poucos dias. Ele a beija duas vezes, sem querer partir, mas incapaz de resistir à pressão que o fato de ser um Buddenbrook lhe impõe. "Olhe", diz para ela, "somos carregados pela vida."[15] Ele está começando a sentir, mesmo ainda jovem, os laços familiares como algemas.

Considerados em conjunto, esses beijos importam muito pouco. Todas as outras cenas de amor ocorrem atrás de uma cortina impenetrável de discrição. Quando Hugo Weinschenk, o noivo de Erika, filha de Tony, toma algumas liberdades com o rosto e os braços da noiva à mesa de jantar dos Buddenbrook, a família zelosamente faz vista grossa a suas gafes e profere alguns comentários desesperadamente brilhantes. Consideram essa conduta desinibida altamente inapropriada, e Mann convida seus leitores a concordar com o autor.

2

A reticência de Mann não é um sintoma de timidez, mas um elemento em seu esquema geral. O amor apaixonado é apenas uma pequena parte da vida da família Buddenbrook. Tony deve rejeitar Morten, Thomas deve abandonar Anna. O velho Johann Buddenbrook tinha amado a esposa: "*L'année la plus heureuse de ma vie*",[16] ele havia anotado no álbum de família que o pequeno Hanno desfiguraria muitos anos mais tarde. Mas depois ela morrera no parto, e seu segundo casamento fora uma transação comercial racional e conveniente. Os arranjos conjugais de seu filho tinham sido feitos nos mesmos moldes. "Sua união, se ele fosse honesto a respeito", interpõe Mann, "não tinha sido exatamente o que se chamaria um casamento por amor. O pai lhe dera umas palmadinhas no ombro e chamara sua atenção para a filha do rico Kröger, que trouxe à empresa um belo dote. Ele concordara entusiasticamente, e desde então tinha respeitado a esposa como a companheira que Deus lhe confiara."[17] E ambos tinham vivido juntos sem grandes problemas.

Os cálculos dos pais foram passados para os filhos. O mais jovem, Johann Buddenbrook, imporá o mesmo procedimento de negócios à amada filha, Tony, como para justificar tardiamente seus próprios arranjos de amor e casamento. Mann não deixa o leitor esquecer nem por um instante que Grünlich — um nome que significa "esverdeado" — é um jovem desagradável; untuoso, certinho, um consumado praticante da arte de apresentar-se dignamente e prosperar pela pura perseverança. Teria sido um parceiro adequado para aqueles pregadores não conformistas hipócritas e sempre famintos que Dickens expôs ao sarcasmo público em *Casa sombria*. Tendo feito o que ele acha serem pesquisas cuidadosas, tendo sido levado a acreditar que Herr Grünlich é um jovem negociante sólido e promissor, Johann Buddenbrook virtualmente força a filha a se vender ao homem de Hamburgo. E ele recruta a esposa em sua ansiosa campanha doméstica, uma mistura de persuasão moral, leve autoritarismo, autoengano e declarações francas de suas verdadeiras razões. "Como você sabe", ele lhe diz, "só posso desejar que esse casamento aconteça logo; só pode trazer vantagens para a família e para a empresa." Ele inspecionou as folhas do balanço de Grünlich e está convencido de que o jovem negociante acumulou uma pequena fortuna. Agora que o negócio dos Buddenbrook tem andado devagar, o futuro marido de Tony é muito bem-vindo. "Nossa filha está em idade de se casar e numa posição de fazer uma *partie*"[18] — uma palavra francesa que designa o desejo internacional de um casamento que trará um dote vigoroso da parte da noiva ou um balanço bancário substancial da parte do noivo. Tudo o mais afunda em insignificância.

A arma infalível de persuasão de Johann Buddenbrook é o apelo ao orgulho da família, que Tony sente tão agudamente quanto o pai. Ela é um elo, ele lhe diz, numa longa cadeia, e o fato de ser membro do clã lhe impõe obrigações sagradas. Embora inteiramente ignorante da vida (tanto quanto do sexo), ela é mais perspicaz que os pais ao não se deixar iludir por Grünlich; mas eles a ensinam a desconfiar de seus sentimentos: ela é jovem, inexperiente, eles lhe dizem, incapaz de conhecer as próprias inclinações — outro exemplo da pouca consideração que a família tem pelas emoções mais profundas. A mãe, lembrando sem dúvida sua própria história, diminui a aversão de Tony pelo pretendente: sentimentos mais positivos por ele surgirão com o passar do tempo, "asseguro-lhe".[19] Mas os pais não precisam fazer grandes esforços para torná-la uma aliada da ideologia Buddenbrook. Tem sido a sua desde sempre.

O compromisso de Tony com a doutrina da família a ajuda a abandonar suas promessas a Morten por meio do exercício da vontade Buddenbrook. A promessa tinha sido sincera, mas, quando a autoridade paterna lhe impõe uma decisão diferente, os votos desaparecem. Na mente de Tony, o amor pela doutrina Buddenbrook e o amor pelo pai se fundem. Depois da exuberante cerimônia de casamento, já refestelada na carruagem que levará o casal para a lua de mel, ela impulsivamente, e "cruelmente", passa por cima do marido para despedir-se mais uma vez de Johann Buddenbrook. "Ela abraçou o pai apaixonadamente", escreve Mann. "'Adeus, papai, meu bom papai!' E então sussurrou muito suavemente: 'Está satisfeito comigo?'"[20] Ele estava. Tinha todas as razões para estar.

A busca determinada dos Buddenbrook por uma *partie* é, portanto, um elemento integral em seu modo de vida. Como sugeri, eles confundem a família com a empresa, a empresa com a família. E Tony viverá coerentemente com essa fé. Quando Grünlich se revela tão desonesto quanto pouco amável — que tipo de livros de contabilidade Johann Buddenbrook teria inspecionado? —, o pai de Tony vem buscar a filha de volta, cheio de sentimentos de culpa por tê-la forçado a aceitar um marido que ela, com toda a razão, achava detestável. Mas, ao dissolver seu casamento, Tony é resoluta contra qualquer resgate financeiro de Grünlich: nenhum fundo de sua família será usado para tirar o marido da encrenca, embora ele esteja diante de uma desgraça irreparável. No final do século XIX na Alemanha, uma bancarrota era realmente uma bancarrota. Ela irá se divorciar do homem e voltará para a casa dos pais. Longe de culpar o pai, ela descobre que seu afeto por ele é maior do que nunca. Antes, observa Mann, o que Tony "sentia pelo pai era mais um respeito tímido do que ternura". Mas agora, livre mais uma vez, ela está orgulhosa dele, comovida por sua solicitude; o pai, por sua vez, "redobrou o amor"[21] pela filha. Nada parece mais tranquilizador para Tony, que carece de afeto, do que regredir ao primeiro objeto de seu amor.

O único desvio dessa perspectiva mercantil, o casamento de Thomas Buddenbrook com Gerda Arnoldsen, acaba não sendo, afinal, uma grande exceção. O marcante primeiro encontro do par em Amsterdã, seguido pela decisão enérgica de Thomas, "esta e nenhuma outra", promete o advento do amor romântico. Mas a paixão é, pelo menos para Thomas, compatível com a possibilidade de fazer inquirições oportunas. Escrevendo para a mãe para dizer que por fim encontrou a mulher com quem está determinado a se casar, ele aflora o delicado assunto da *partie*. E concede que o pai de

Gerda é um milionário. Que motivo o guiou, ele pergunta a si mesmo, e não consegue decidir a questão. Ele a ama "entusiasticamente", mas, acrescenta, "com certeza não pretendo ir a fundo o bastante dentro de mim mesmo para descobrir se ou quanto o grande dote — que sussurraram ao meu ouvido de um modo bem cínico quando fui apresentado a ela — contribuiu para meu entusiasmo".[22] Está seguro de que ama Gerda Arnoldsen e também de que o dinheiro de seu pai não diminui seu afeto por ela. O leitor tem a sensação desconfortável de que o amor que ele demonstrara por Anna na floricultura tinha sido mais puro.

Pois, no casamento, o amor do casal é frio, um pouco tenso, construído desde o início sobre um tratado informal de tolerância mútua que garante para a amável Gerda um domínio de liberdade e silêncio. Parece um pouco estranho: sua aparência, como Mann a descreve meticulosamente, quase prometia uma união mais apaixonada. Ela é alta, de constituição voluptuosa, ruiva (acredita-se, em geral, que isso seja um sinal de fogos eróticos represados), com dentes brilhantes e uma boca sensual; no conjunto, uma "beldade elegante, estranha, cativante e misteriosa".[23] Embora inequivocamente "nórdica" nas origens, ela tem um quê exótico na aparência, bem como a Anna que Thomas Buddenbrook tinha deixado para trás. Os olhos esplêndidos de Gerda, próximos um do outro, são contornados por finas olheiras azuladas, sugerindo segredos obscuros e ameaças desconhecidas. Essas olheiras azuladas são, à maneira de Mann, uma característica que o filho condenado herdará da mãe. De todos os *Leitmotiven* que abundam em *Os Buddenbrook*, às vezes até em excesso, os olhos sombreados de Gerda — e de Hanno — são o mais portentoso. De algum modo parecem sublinhar o tema central do romance, proclamado no subtítulo — *Decadência de uma família* — e realizado amplamente no texto.

Os mexeriqueiros da cidade tinham ficado perplexos com esse casamento, mas se sentiam meio que forçados a admitir que devia ter sido, afinal, um enlace de amor. Mas a percepção deles mostrava-se rasa. Mann observa que, "de amor, daquilo que se compreende por amor, havia desde o início bem pouco entre eles, até onde qualquer um podia ver. Ao contrário, desde o início não se tinha notado senão cortesia na relação, uma cortesia correta e respeitosa, totalmente extraordinária entre marido e esposa", não sendo um sintoma de alienação, mas de uma estranha "intimidade mútua, profunda e tácita".[24] Isso era verdade no começo, mas, nos anos posteriores, o casal descartou a intimidade máxima, preferindo dormir em quartos separados. Não cabe a um crítico tentar adivinhar as intenções de um autor, mas um realista tem a obrigação de não violar as leis da probabilidade; considerando o que sabemos desse par implausível, pode-se querer saber o que de fato ela vira nele.

Gerda Buddenbrook é a personagem mais enigmática em *Os Buddenbrook*. Mann preservou intacto seu caráter desconcertante, jamais entrando em sua mente e mantendo-a afastada dos outros. Ele quase sempre relata as intervenções dela em discurso indireto. Em contraste com o marido — Mann dedica páginas de detalhes desanimadores sobre a crescente depressão, o nervosismo em alta e o envelhecimento prematuro dele —, Gerda é quase um código secreto. Ela fica sentada junto à família, quando chega a estar presente; bordado na mão, observa-os com aqueles olhos vigilantes contornados por olheiras azuladas, enquanto todos fazem fofocas, recordam ou brigam, e não tece nenhum comentário. Quase o mais longo discurso que lhe dá seu criador é uma resposta a um comentário ignorante de seu marido sobre música. "Thomas, de uma vez por todas", ela começa sua pequena diatribe, "de música e arte você nunca entenderá nada",[25] e mais ainda, para um parágrafo de repúdio gentilmente proferido, mas devastador.

Gerda Buddenbrook ama a música com ardor e conhecimento. Talvez seja a paixão que a liga com mais força a seu único filho. Ela é chegada ao pai, o outro homem de sua vida, por uma razão muito similar: tivera o prazer de tocar duetos com ele no violino. E talvez tenha sido sua ligação com Mijnheer Arnoldsen que a impediu até a adiantada idade de 27 anos de aceitar ofertas de casamento até que Thomas Buddenbrook caiu em suas boas graças. Então, depois de uns dezoito anos de casamento, ela começa a se encontrar muitas vezes com um jovem oficial, o tenente Von Throta, cujas frequentes visitas à casa fazem seu marido quase desmaiar de ciúmes. O que une os dois é uma partilhada devoção à música; o fracasso do marido em valorizar a música como algo mais que puro entretenimento o exclui permanentemente do círculo mais íntimo da sensibilidade de Gerda.

O castigo de Thomas Buddenbrook, como Mann o retrata, é um fenômeno e tanto. Von Throta toca piano, violino, viola, violoncelo e flauta, "todos excelentemente". Quando o temido visitante chegava, evitando cuidadosamente o dono da casa, o marido indefeso ficava sentado em seu gabinete escutando, enquanto "no salão acima de sua cabeça as harmonias cresciam entre canto, lamento e júbilo sobre-humano, como que se elevavam com mãos dobradas e convulsivamente esticadas, e por fim todos os êxtases loucos e vagos afundavam em fraqueza e soluços na noite e no silêncio". Isso era bastante ruim. Mas o pior que o ouvinte involuntário tinha de suportar era o silêncio, o "longo, longo silêncio" no andar de cima, interrompido por som nenhum, passo nenhum. "Então Thomas Buddenbrook ficava sentado e tão assustado que às vezes gemia baixinho."[26] Os dois fanáticos por música estão tendo um caso? Mann, que tudo sabe, não dirá.

A música, sabemos, reivindicava um lugar proeminente na cultura da classe média no século XIX; era, em muitos casos, uma preocupação séria, praticada com diligência e buscada com amor. Tentando satisfazer uma demanda insaciável, os editores lançavam no mercado mais e mais partituras, inclusive transcrições altamente populares para piano, a duas ou quatro mãos, de quartetos, aberturas, árias, até sinfonias. Era assim que amadores esforçados, muitas vezes bem competentes, obtinham em casa acesso a composições escritas para as salas de concerto. O piano, o violino, a voz eram, em inumeráveis famílias burguesas, fontes de prazer e sociabilidade civilizada; sua utilidade como armadilha que as jovens casadoiras armavam para os solteiros bons partidos passa em grande parte despercebida. Um jovem solteiro com voz agradável de barítono ou razoavelmente competente no violoncelo era bem-vindo em lares da classe média, mesmo que o casamento fosse a coisa mais remota na mente dele (ou da família). O próprio Mann era um violinista respeitável e, como atestam suas novelas e ensaios, atribuía à música o significado que a religião teria para um crente. Em *Os Buddenbrook*, a música funciona como o arauto e o agente de Eros, sempre eletrizante, sempre arriscada, sempre uma intrusão transtornadora, como uma espécie de censura, nas atividades burguesas mundanas. No final, depois que Gerda Buddenbrook fica viúva e perde o único filho, ela retorna a Amsterdã para tocar duetos com o amado pai mais uma vez.

Os Buddenbrook pode ser escasso em beijos, mas o modo como Mann maneja a música no romance lembra que se trata, no fundo, de uma ficção profundamente erótica. Mas essa qualidade aparece em lugares inesperados. A ideia de que a música tem suas raízes na sexualidade humana é tão velha quanto o *Banquete*, de Platão. Em seu primeiro romance, portanto, Mann passa a fazer parte de uma longa tradição. Os únicos momentos orgásticos que ele admite no livro acontecem quando Hanno está ao piano. Ele prova, a seu modo tímido, as fontes sexuais da arte. É seu oitavo aniversário. Embora a paciência do menino para estudar seja limitada e seu progresso no piano laborioso, ele gosta de ganhar efeitos prolongando e intensificando os prazeres. Sonha, pairando sobre o teclado, improvisando pequenas peças. Uma dessas, com uma coda altamente heterodoxa, ele se recusa a revisar apesar dos protestos de seu professor de piano, benevolente e musicalmente conservador.

Executando sua composição favorita para a família, ele está pálido, com uma espécie de embriaguez. "E então veio o *finale*, o amado *finale* de Hanno, que coroava o conjunto com sua elevação primitiva. Suave e pura como um sino, *tremolo*, soa a corda mi menor, pianíssimo", acariciada, envolta pelo acompanhamento do violino de sua mãe. "Crescia, elevava-se, intumescia lentamente, lentamente; Hanno introduzia, forte, o dissonante dó sustenido, que conduzia à tonalidade original, e, enquanto o Stradivarius" — tem de ser, claro, um Stradivarius —, "suspirando e ressoando, também se avoluma acima do dó sustenido, ele aumenta a dissonância com todas as suas forças até o fortíssimo."

Mas Hanno não está pronto para o desenlace, ainda não.

> Ele se negava a resolução, mantinha-a afastada de si mesmo e de seus ouvintes. Qual seria essa resolução, essa dissolução encantadora e liberada em si maior? Uma felicidade incomparável, uma satisfação de doçura enlevada. Paz! Felicidade! O reino do céu!... Ainda não... ainda não! Apenas mais um momento de espera, de hesitação, de tensão, que deve se tornar intolerável para que a satisfação seja ainda mais deliciosa... Ainda uma última, a derradeira prova desse desejo que urge e pressiona, esse apetite de todo o ser, essa tensão muito extrema e convulsiva da vontade que ainda se negava satisfação e liberação, porque ele sabia: a felicidade é apenas um momento.

Só então, oprimido por uma sabedoria prematura, é que o menino de oito anos se permite a consumação.

> A parte superior do corpo de Hanno endireitou-se lentamente, os olhos se arregalaram, os lábios fechados tremeram, com um tremor espasmódico que ele aspirava no ar pelas narinas... e então a felicidade já não podia ser retida. Ela veio, veio sobre Hanno, e ele não resistiu mais. Os músculos se relaxaram; exausta e acabrunhada, a cabeça afundou nos ombros, os olhos se fecharam, e um sorriso melancólico, quase angustiado, de arrebatamento inexprimível brincou em sua boca.[27]

O Stradivarius, relata Mann, acompanha o menino até o final; o dueto do filho com a mãe continua em direção ao clímax até que o menino atinge o pós-êxtase, feliz e esgotado, adentrando domínios de intimidade com a mãe que ela tinha negado ao esposo.*

A experiência erótica parece ser totalmente prematura para um menino de oito anos. Mas, indevidamente precoce ou não, designada para representar uma satisfação solitária ou a dois, ela é delineada como o relato de uma consumação sexual, habilmente adiada. Que algo assim estava na mente de Mann, surge de uma recordação que ele se concede. Enamorado de *Leitmotiven* durante toda a vida de escritor, sabemos, ele reitera esse tema sexual mais tarde no romance. Sete anos depois do pequeno concerto de aniversário de Hanno, tendo passado um dia longo e extenuante na escola, ele desfruta uma "orgia" — a palavra é de Mann — quando improvisa ao piano, agora sem a mãe. Está explorando um tema simples de sua invenção, mais uma vez, como sua composição anterior, emocional, selvagem, sem entraves. De novo ele retém o clímax com um desejo ambivalente de demora e recompensa. Seu desem-

---

* O musicólogo Walter Frisch me apontou que a fantasia de Hanno é uma inversão quase literal do "acorde de Tristão" que Wagner usa por todo o *Tristão e Isolda*. Se a imitação é a forma mais elevada de lisonja, então mesmo uma imitação manipulada expressa uma grande admiração.

penho ao piano, comenta Mann, é uma "submersão no desejo". O tema se ergue, com seu "fluxo de cacofonias", subindo, caindo, pressionando para diante, lutando para atingir um

> fim inefável que deve vir, deve vir agora, neste exato momento, durante este clímax assustador, pois a opressão enlanguescedora tornou-se insuportável, os espasmos do desejo já não podem ser prolongados; veio, como se uma cortina estivesse sendo rasgada, portas escancaradas, sebes de espinhos abrindo-se por si mesmas, muros de chamas desmoronando em si próprios.[28]

E mais tarde uma resolução e uma realização jubilosas. Então Hanno faz soar de novo o primeiro tema para que celebre uma orgia própria, numa mistura de brutalidade e santidade e, ao mesmo tempo, de algo ascético e religioso, com uma insaciabilidade perversa, até ter absorvido a última doçura da música, até a saciedade, o cansaço, o fastio. Depois disso, ele fica sentado ao piano em silêncio, o queixo sobre o peito e as mãos no colo. Mais tarde ceará, jogará uma partida de xadrez com a mãe, irá para o quarto a fim de se exercitar em seu harmônio silencioso até depois da meia-noite. Foi um dia longo e cansativo para Hanno Buddenbrook. Na manhã seguinte, ele cai doente com febre tifoide.

Mais uma vez, no meio desses tumultos musicais sensuais, pensamos em Antonia nos *Contos de Hoffmann*, de Offenbach, que aceita a sedução de um espírito mau que a induz a um desempenho musical suicida e obstinado, que, ela sabe, significará sua morte. Mas, seguindo sua característica, Mann inverte esse conto: é antes porque Hanno está condenado a morrer que ele o atormentou com uma dose de talento musical. O amor da música em Hanno é um sintoma de sua alienação do mundo burguês de seus pais, um sinal do declínio inevitável desse mundo.

3

O Eros que lida com a morte insinua-se em *Os Buddenbrook* ainda de outra forma pouco ortodoxa, oblíqua, tímida, mas inequívoca. Quase parece um episódio casual ou inadvertido que não merece particular atenção. Mas Thomas Mann, o mais autoconsciente dos estilistas, não permitia que pinceladas descuidadas ou meros acasos entrassem em sua obra. Hanno está no leito de morte; seu fim, como o do romance, está próximo. Ele já não reconhece ninguém, até que seu colega favorito, o pobre Kai, conde Von Mölln, entra praticamente à força no quarto do doente. Como Hanno, Kai era um menino que não gostava da escola, e os laços entre ambos eram íntimos, isolando-os dos companheiros. Ao escutar a voz do amigo, Hanno sorri, sabendo quem está a seu lado. E Kai beija sem parar as mãos do amigo moribundo. Quando as mulheres Buddenbrook conversam sobre Hanno e suas últimas horas no capítulo final, elas falam dessa cena estranha e comovente, e, relata Mann, pensam a respeito por algum tempo.

Mann se recusa a revelar exatamente o que pensaram, mas o breve interlúdio exige um comentário. O pai do próprio Mann, senador em Lübeck e eminente negociante de grãos, morrera dez anos antes da publicação de *Os Buddenbrook*, quando ele tinha dezesseis anos; sua mãe então se mudara para Munique, levando-o junto com seus irmãos mais novos. No seu testamento, o senador determinava que sua empresa fosse dissolvida; fora bastante realista para ver que nem o filho mais velho, Heinrich, nem "Tommy" se tornariam bons comerciantes. Quando Thomas Mann nesses anos falava de si mesmo como dominado por uma certa consciência pesada, ele tentava seus intérpretes a tomar esse sentimento de culpa como a evidência de um bom filho que não fora bastante bom, dando as costas para uma carreira de negócios a fim de ser artista.

Há algo nessa leitura. Em parte, Mann sempre permaneceu um

aristocrata de Lübeck. Mas seus sentimentos de culpa não se resumiam a ter desapontado o pai. Ele estava assustado com seus desejos homoeróticos. Na carta a Heinrich Mann de março de 1901, em que definia Os Buddenbrook como uma mistura de música, metafísica e erotismo adolescente, ele também observava que sua depressão fora aliviada por uma nova "felicidade do coração". Essa felicidade provinha de uma paixão pelo pintor Paul Ehrenberg. Mas ele tranquilizava o irmão: "Não é uma história de amor, ao menos não no significado comum, mas sobre uma amizade — Ó espanto! —, uma amizade compreendida, correspondida, que vale a pena".[29]

Ehrenbeg não foi o primeiro entusiasmo amoroso de Mann. Recordando em 1931, ele atribuiu a seu colega de escola Armin Martens a honra de ser seu "primeiro amor". Isso fora em 1889; Mann tinha então treze anos. "Um amor tão terno, tão feliz-doloroso jamais me aconteceu de novo", ele confessou a um amigo de seus dias de colegial, em 1955, último ano de sua vida. "Pode parecer ridículo, mas preservei como um tesouro a lembrança dessa paixão inocente."[30] Ele deixou um memento dissimulado a Martens em Os Buddenbrook ao dar o nome de "Morten" ao estudante de medicina presente na juventude de Tony.

Durante a adolescência, por volta do ano em que Thomas Mann descobriu essas inclinações, o amor homossexual era, nas palavras do amante de Oscar Wilde, o amor que não ousava dizer seu nome. Tampouco se tornou respeitável ao longo de sua vida, nem mesmo para artistas de vanguarda, a quem era permitido mais do que ao burguês comum. André Gide, que escreveu livremente sobre sua "orientação", era uma exceção espetacular. Por volta de 1900, conversando com seus amigos mais íntimos sobre esses desejos, Mann recomendava o ascetismo, o que parece ter praticado. Afirmava achar a sexualidade, toda a sexualidade, odiosa; um literato sério, dizia, deve afastar-se disso.

Mas a paixão por homens, suprimida mas nunca totalmente

reprimida, brincava com seus sentimentos; suas identificações femininas (para usar aqui o jargão psicanalítico) invadiam as masculinas e assumiam o controle. Ele teve longos acessos de desejos homoeróticos nos anos da Primeira Guerra Mundial e depois intermitentemente — certa vez achou seu filho adolescente Klaus bonito o suficiente, confessou a seu diário, para despertar uma paixão. Ainda em 1950, num hotel de veraneio em Zurique — Mann tinha então 75 anos — apaixonou-se por um belo garçom: as esperanças de Mann de voltar a vê-lo em breve e os curtos diálogos com "Franzl" dominaram seus diários por alguns meses.

Ele não era incapaz de amar as mulheres. Respondia à beleza feminina, sobretudo quando adornada com cérebro. Sua corte à atraente e inteligente Katja Pringsheim, que se tornou sua mulher em 1905, foi longa e determinada. Teve seis filhos com ela. Sem dúvida, seus diários revelam que a temperatura de seu amor por Katja costumava ser fria. E o fato, bem conhecido, de que o pai dela era um milionário não maculou seus sentimentos por Katja. Bem como Thomas Buddenbrook, Mann amava, da melhor forma possível, a mulher que escolheu para se casar, e seus diários documentam que, além da paciência de Katja com os fracassos do marido na cama e com sua complicada história erótica, a ligação entre marido e mulher era muitas vezes, assim ele julgava, muito sensual.

Quaisquer que fossem suas necessidades sexuais, ele aprendeu a sublimá-las. Depois de experimentar com a ficção curta e poemas, Mann ganhou pela primeira vez a atenção pública com uma obra mais longa, *O pequeno senhor Friedemann*, publicada em 1897. Esse "ato pioneiro", como ele o chamou mais tarde, deu-lhe confiança em sua mestria de escritor para manipular palavras, personagens e enredos, tanto para comunicar como para ocultar. Mann escreveu a seu amigo e admirador Otto Grautoff naquele mesmo ano:

> Há momentos em que tenho a impressão de ter liberdade de ação, como se houvesse encontrado modos e meios de me expressar livremente, de viver a pleno vapor, e, se antes eu costumava precisar de um diário para desabafar em total privacidade, agora descubro formas e máscaras fictícias adequadas ao público para expressar meu amor, meu ódio, minha piedade, meu desprezo, meu orgulho, meu desdém e minhas acusações.[31]

Ele poderia ter acrescentado: "meus desejos sexuais". Pois ele empregava generosamente suas máscaras para dar vazão a desejos homoeróticos e, ao mesmo tempo, para disfarçá-los.

Às vezes, ele os descobria onde ninguém mais suspeitaria. Em 1919, um ano depois de ter publicado *Reflexões de um homem não político*, ele observou em seu diário que não tinha dúvidas de que esse livro, um exercício de política cultural, era "também uma expressão de minha inversão sexual".[32] Os leitores da ficção de Mann sabem muito bem que ele povoou seus escritos mais famosos com paixões homoeróticas adolescentes, nenhuma delas consumada: o epônimo Tonio Kröger por Hans Hansen, e Hans Castorp por Pribislav Hippe em *A montanha mágica*. E Gustav von Aschenbach, o protagonista da famosa novela de Mann, *Morte em Veneza*, é um escritor envelhecido cujo amor por um belo menino polonês, Tadzio, o condenará à morte. Os momentos em que Kai beija as mãos de seu amigo moribundo, Hanno, são uma primeira expressão delicada do que pesava na consciência de Mann.

Esse rápido exame da ambivalência sexual de Mann deve ajudar a definir seu ânimo contra sua privilegiada história de família, um complexo amálgama de necessidades e queixas psicológicas, literárias e sociais. Em *Os Buddenbrook*, essas complexidades encontram expressão nos conflitos entre duas figuras representativas, os irmãos Thomas e Christian Buddenbrook. Às vezes tem-se considerado que eles representam os dois lados da personalidade de Thomas Mann, ou os irmãos em luta Thomas e Heinrich Mann. Mas isso é uma tradução demasiado direta, demasiado simples da natureza dilacerada de Thomas Mann. Os irmãos servem a questões maiores, sobre as quais entram em conflito. Christian, sabemos, é extremamente malsucedido, um neurótico irritante e um esbanjador que só busca o próprio prazer. Associa-se com devassos de sua própria classe, filhos mimados de aristocratas, e mantém uma amante inadequada. Thomas, também sabemos, não podia ser mais diferente: é de uma dolorosa autodisciplina e espírito público. Cada um é infeliz à sua maneira. Nesse modo contrastante, os irmãos levam dois estilos incompatíveis de vida: o *Bürger* contra o boêmio.

A briga furiosa que irrompe entre os dois, após conflitos anteriores, com uma espécie de mau gosto, logo depois da morte da mãe, inevitavelmente força a vir à tona a rivalidade de muito tempo. Com o corpo da mãe ainda exposto no quarto ao lado, o confronto fraterno não começa pelo amor dela, mas, de forma simbólica para uma família mercantil, pelas suas "coisas". Christian acha que o irmão está se apropriando de uma parte exagerada da preciosa prataria, e a partir dessa objeção o conflito aumenta. Não se trata realmente de algumas colheres ou de um bule de prata: trava-se a batalha entre os credos do trabalho abnegado e do prazer autocomplacente. Thomas, que às vezes tem consciência de si mesmo, admite que em alguns momentos sentiu a tentação de abandonar a vida árdua por uma existência mais relaxada. Seu autocontrole — Mann repisou esse ponto muitas vezes e minuciosamente — provou ser desanimador e cansativo. "Eu me tornei o que sou", diz a Christian no meio do duelo rancoroso, "porque eu não queria ser como você. Se o tenho interiormente evitado, é porque tive de me proteger contra você, porque seu ser e sua existência são um perigo para mim... Estou falando a verdade."[33] Durante toda essa altercação, Gerda Buddenbrook está ali perto, atenta e em silêncio. O marido estaria pensando em Anna, a garota da floricultura?

Como um observador olímpico, Mann apresenta essa guerra fraterna com admirável imparcialidade. Os dois homens têm defeitos profundos, sendo os de Christian, que acabará numa instituição mental, mais óbvios que os de Thomas. Mas o destino de Thomas não é, à sua maneira, menos patético. Lembramos como nos últimos anos de sua vida ele se torna cada vez mais amargurado, forçado a ocultar sua desgraça por trás da fachada do negociante próspero e do marido feliz, mesmo que a verdade seja tristemente diferente quando ele contempla a esposa fria, o filho decepcionante, os negócios tumultuados, as obrigações públicas sem sentido. "Era tudo vazio dentro de si, e ele não via nenhum plano estimulante, nenhum projeto arrebatador a que pudesse se dedicar com alegria e satisfação."[34] Que um capitalista mais moderno e menos escrupuloso o estivesse sobrepujando, é apenas o insulto final. Ele engordou, sofre de insônia, fadiga e uma incurável inquietação. Com o tenente Von Throta constantemente na casa — não parece ser segredo para ninguém —, ele começa a parecer um pouco ridículo para os abelhudos locais, que decidem que seu tempo já passou.

Mas certo dia, pouco antes de morrer, ele encontra uma oportunidade de se livrar das cargas que mal podia suportar. Mann tinha orgulho dessa passagem e a apresentaria como a prova de que *Os Buddenbrook* era algo mais do que uma estúpida crônica de família. Thomas Buddenbrook encontra por acaso um livro, o segundo volume de uma famosa obra de filosofia que comprara certa vez como pechincha. Ele o leva ao jardim e começa a ler, sem fazer ideia de que tem nas mãos parte de *O mundo como vontade e representação*, de Schopenhauer — está faltando a folha de rosto. Fica completamente fascinado. Sem ter o costume de ler filosofia, não compreende grande parte da argumentação até chegar a um longo capítulo sobre a morte, e ele o lê palavra por palavra, com uma concentração de que não fora capaz por anos.

Paralisado de emoção, vai para a cama chorando, de certa forma liberto de seu mundo. Individualidade, pequenas preocupações, ciúmes, que importam?

> Esperei continuar a viver no meu filho? Numa personalidade ainda mais fraca, mais tímida, mais vacilante? Loucura infantil, ilusória! Por que preciso de um filho?... Onde estarei quando estiver morto? Mas é tão radiantemente claro, tão esmagadoramente simples! Estarei em todos os que já disseram "eu", que o dizem e o dirão: *mas especialmente nos que o dizem de forma mais plena, mais vigorosa, mais animada...*

Entre lágrimas, ele diz com a cabeça enterrada no travesseiro: "Viverei!".[35] Mas, quando acorda na manhã seguinte, descobre que a antiga vida o reclama. Planeja voltar ao livro que lhe tinha oferecido um modo inteiramente novo de viver e morrer: mas ele nunca olhará para o livro de novo. Aquele filósofo desconhecido exige muito dele. "Seus instintos burgueses", escreve Mann, "ergueram-se contra o livro, bem como sua vaidade: o medo de desempenhar um papel estranho e ridículo."[36] Thomas desperdiçou a última oportunidade de escapar a seu destino.*

---

* Depois do fim da Primeira Guerra Mundial, Thomas Mann teve sua visão de vida dramaticamente alterada. Em 1922, numa palestra controversa, "Sobre a República alemã", ele declarou que sua paixão pela morte estava finda. E em 1925, em *A montanha mágica*, fez o herói, Hans Castorp, declarar numa famosa frase: "Por causa do bem e do amor, o homem não deve conceder à morte o domínio sobre seus pensamentos". Isso é importante para qualquer avaliação plena da mente de Mann, mas, para um estudo do proveito que um historiador pode colher de *Os Buddenbrook*, é, claro, irrelevante.

4

Nos anos de *Os Buddenbrook*, Thomas Mann brincou com a antítese, então em voga, da vanguarda *versus* vida convencional. Ele via a arte — romances, poemas, pinturas, música e o resto da alta cultura — como o inimigo mortal do burguês, um rótulo que ele achava sinônimo de "filisteu". Montando o tipo de conflito que ele então achava irresistível, argumentava que as classes médias, reagindo a esse desafio, desconfiavam de toda arte que fosse de alguma forma exigente e faziam de tudo para cooptá-la ou destruí-la. Nessa leitura, a arte é a irmã do amor, todos os dois forças irracionais e subversivas que rompem os arranjos confortáveis que agradam à burguesia satisfeita consigo mesma e irremediavelmente vulgar.

Mas, mesmo já em 1901, Mann não conseguia sustentar sem ressalvas confrontos da arte com o materialismo, da paixão com a razão, da boêmia alienada com a firmeza aristocrata. Sua ambivalência era aguda demais para tal. De um lado, ele não conseguia se separar inteiramente de sua herança. "Sou um urbano, um *Bürger*, filho e bisneto da cultura de classe média alemã", escreveu. Ele se orgulhava de seus antepassados que tinham sido artesãos em Nuremberg e "mercadores do Santo Império Romano".[37] Mas ele passou a considerar que o contraste absoluto entre o *Bürger* — inflexível, antiquado, essencialmente alemão — e o burguês — móvel, iconoclasta, essencialmente francês — não podia ser sustentado. Sabemos que ele gostava de pensar em sua criação, Thomas Buddenbrook, como um tipo de herói moderno, um homem que tinha feito a transição, por mais estranho que isso pudesse soar, do *Bürger* compulsivo para o burguês compulsivo, com o chamariz da arte sendo outra complicação a requerer atenção. Ainda assim, Mann tinha certeza de que não podia e não queria ser um mercador como haviam sido o pai e o avô.

Podemos ter uma ideia da profundidade dos sentimentos

misturados de Mann com uma de suas histórias longas mais bem-sucedidas, *Tonio Kröger*, a que ele se voltou depois de completar *Os Buddenbrook*: o romance e a novela pertencem ao mesmo universo mental. E a novela continuou a ser sua favorita: em 1931, depois de publicar um corpo substancial de obras, inclusive *A montanha mágica*, ele falava de *Os Buddenbrook* como "meu livro mais popular". "E assim vai continuar", acreditava, mas acrescentava: "no fundo, gosto mais de *Tonio Kröger*".[38] É fácil ver a razão: a novela é a ficção mais abertamente autobiográfica que ele já escreveu, encenando com uma sutileza notável a relação da alta cultura com a vida da classe média. Tonio é filho de um aristocrata do norte que, em sua paixão pela literatura, parte rumo ao sul, primeiro à Itália e depois a Munique — exatamente como Thomas Mann.

Ele retorna à Alemanha e continua a se sentir um *outsider*. Numa conversa franca, em que falava sobre vários assuntos com sua boa amiga, a pintora Lisaweta Iwanowna, ele lhe confessa seu amor pela vida e a sensação desconfortável de que a vocação escolhida, a literatura, não é uma profissão, mas uma maldição. Gera solidão, insegurança, distância dos prazeres e da segurança desfrutados pelas pessoas comuns. A resposta honesta da amiga à sua queixa: Você é um *Bürger*, um *Bürger* que se extraviou, perdeu o rumo. Um pouco ofendido, ele reconhece a justeza da acusação. Meio ano mais tarde, ele ainda pensa nisso e escreve à amiga: "Estou entre dois mundos, não me sinto em casa em nenhum dos dois".[39] Por isso, a vida, ele diz, lhe é um pouco difícil. Mas precisamente porque é um *Bürger*, embora perdido, precisamente porque ama "o humano, o vivo, o comum",[40] ele pode fazer seu trabalho como um escritor sério. E Tonio — isto é, Mann — deixa escapar uma pista, não mais que isso, de que deve ser possível encontrar um modo de fazer as pazes entre os dois campos em guerra.

Mas esse acordo, na extensão que ele acabou atingindo, só lhe aconteceria muitos anos depois — tarde demais para o leitor que só conhece *Os Buddenbrook* e *Tonio Kröger*. E a insinuação dessa síntese posterior foi soterrada pela pressão da Primeira Guerra Mundial. Impelido por um fervor patriótico e pelo sentimento de que as virtudes germânicas da interioridade e profundidade moral estavam sob o ataque das sociedades mercantis e calculistas, ele voltou aos opostos absolutos, primitivos: amigo contra inimigo, Potências Centrais contra Aliados, artista contra filisteu. Compôs um imenso texto polêmico, *Reflexões de um homem não político*, publicado em 1918, parte de sua briga com o irmão Heinrich, liberal e cosmopolita. Foi só no início da década de 1920 que ele se comprometeu com a República de Weimar, essa experiência arriscada de democracia odiada por muitos e amada — se é que o foi — com certa moderação.

O pensamento extremo de Mann, calcado em antíteses, que regia suas escolhas políticas e culturais à época de *Os Buddenbrook*, lembra o ódio indiscriminado de Flaubert ao que ele gostava de chamar a burguesia. Às vezes, o autor de *Madame Bovary* era mais sábio: podia até sentir um certo afeto por suas criaturas Bouvard e Pécuchet; eram idiotas, mas, ele insistia, eram os *seus* idiotas. E ele isentava muito arbitrariamente amigos como o editor Charpentier e sua família do estigma de serem burgueses. Ainda assim, esses eram momentos raros de compreensão. É nesse ponto que Mann diferia de Flaubert: Mann superou a dificuldade.

Para o historiador, essa não pode ser a palavra final. Por mais abrangente que seja a reivindicação de Mann de que a sua representação dos Buddenbrook tinha antecipado sociólogos eruditos, como Max Weber e outros, oferecendo um retrato coletivo da moderna *Bürgertum*, seu primeiro romance permanece, mais do que se poderia pensar à primeira vista, um testemunho altamente pessoal. Havia, naqueles dias, famílias alemãs de classe média menos obviamente condenadas do que os Buddenbrook, menos fadadas a ter sucesso do que os Hagenström. O importante e o central é que Thomas Mann não escreveu essa saga familiar a partir de um ponto de vista neutro.

Em suma, agindo por conta própria, sem precisar da orientação de Dickens e de Flaubert, Mann produziu esse romance como um ato de vingança. Seus dois predecessores confrontaram a sociedade e a julgaram deficiente; os dois construíram grandes romances a partir de seus ódios políticos. Mann fez o mesmo. Ele o disse de forma explícita: "A precisão impiedosa da descrição", escreveu sobre Os Buddenbrook em 1906, "é a *vingança* sublime do artista sobre sua experiência"[41] — a vingança sobre um pai desapontado com o fracasso do filho em sucedê-lo, a vingança sobre uma sociedade direita e respeitável que tinha a expectativa de que ele fosse mais infalivelmente masculino do que se revelou.

Alguns dos gestos finais mais significativos de Mann delineiam com uma clareza espantosa esse tema da vingança. Pouco antes de morrer, ele destruiu vários de seus diários já terminados e em andamento. Os que sobreviveram têm servido para que os biógrafos recentes examinem, com detalhes buscados com muita ânsia, o segredo íntimo que os estudiosos de Mann só tinham alguns indícios para sustentar: as tendências homossexuais. Mas suas revelações apenas aprofundam ainda outro segredo: por que ele não destruiu todas essas confissões diárias? Apenas determinou que só fossem abertas vinte anos depois de sua morte. O que ele queria que o mundo soubesse e por quê? Leio os diários remanescentes como sua vingança póstuma sobre seu público e sua família, o último ato — percebe-se seu sorriso irônico — de um aristocrata rebelde.

Epílogo
As verdades das ficções

1

Em algum momento em 1913, pouco depois da publicação de *No caminho de Swann*, Marcel Proust, inflamado com a húbris do escritor cujas energias criativas fluíam livremente, disse a um entrevistador que os romancistas, ao escrever suas ficções, criam novos mundos. Ao que Rebecca West acidamente objetou: "uma dessas coisas malditas já é o suficiente". Há algo admirável sobre Proust promover grandiosamente os escritores a uma espécie de divindade; grandes poetas modernos como Wallace Stevens ecoaram essa pretensão. O mundo que o romancista realista cria é o mesmo do historiador, apenas alcançado por seus próprios caminhos. O que Elizabeth Bishop disse bem sobre os poetas se aplica da mesma forma aos romancistas: eles também colocam sapos imaginários nos jardins reais. E até os sapos se parecem suspeitamente com a realidade.

A perspectiva realista implica uma posição sobre a verdade na ficção e a ficção na história que quero deixar explícita em algumas observações finais. Essas são águas profundas, sei, e só posso deslizar à superfície aqui. Em retrospecto, parece ter sido um lance inteligente da parte do "Pilatos galhofeiro", como nos diz Francis Bacon, esquivar-se da questão. "Qual é a verdade?", ele perguntou, "e não quis ficar para ouvir a resposta."[1] Entre muitos críticos literários contemporâneos e historiadores perturbados pelo problema do conhecimento, a própria definição de termos amplos como "fato" ou "verdade" permanece altamente contenciosa.

Mas não entre os filósofos de nosso tempo. Com a exceção do pequeno grupo dos pragmatistas, virtualmente todos os outros subscrevem um realismo crítico, segundo o qual, apesar de todas as obstruções à observação acurada, de todas as induções ao autoengano, há um mundo real lá fora, independente da mente de qualquer um. Uma dessas coisas malditas já é o suficiente. Se as verdades são esquivas e os fatos, difíceis de serem determinados, isso não quer dizer que eles não existam. A tão citada árvore que tomba numa floresta sem ser vista produz o mesmo estrondo que cria se alguém está por perto. Falando para esse consenso esmagador, sir Karl Popper argumentou com uma veemência um tanto exagerada, ao atacar o idealismo filosófico pela crença arrogante de que "é a minha mente que cria este belo mundo",[2] o que lhe parecia uma forma de megalomania. Muitos filósofos têm dito a mesma coisa, embora com um pouco mais de polidez.

Até Thomas Kuhn — provavelmente o historiador e filósofo da ciência mais influente do século XX, cuja brava tese das mudanças de paradigma tem sido indevidamente apropriada pelos relativistas — sustentava que o mundo externo é real, nem construído, nem inventado. Quando lhe pediram que justificasse sua crença na existência de um mundo externo, o filósofo inglês G. E. Moore simplesmente estendeu as mãos. Há modos mais sofisticados de fazer a mesma afirmação, mas, entre os eruditos que lidam profissionalmente com essas questões, a verdade da verdade — e dos fatos — está em grande parte fora de discussão.

É a partir dessa posição realista que quero confrontar duas críticas das pretensões dos historiadores a estabelecer a verdade, uma muito antiga e respeitável, a outra bastante nova e subversiva. Elas não têm nada em comum a não ser a severidade com os devotos de Clio. A primeira sustenta que os romancistas e os poetas atingem verdades mais elevadas — isto é, mais profundas —, verdades das quais os historiadores, prosaicos escavadores de fatos atormentados por documentos, nunca podem nem sequer se aproximar. Aristóteles já não havia sustentado na *Poética* que a poesia é mais filosófica e mais importante que a história? Milan Kundera apresentou uma versão moderna dessa posição: "Nunca me cansarei de repetir: a única *raison d'être* do romance é dizer o que apenas o romance pode dizer".[3] Essa *autonomia radical* da ficção "permitiu que Franz Kafka dissesse coisas sobre nossa condição humana (como ela se revela em nosso século) que nenhum pensamento social ou político jamais poderia nos dizer".[4] Pobres historiadores, claudicando atrás das percepções profundas acessíveis apenas aos romancistas!

Fora todo o ressentimento profissional, ao elevar a ficção sobre a história, Aristóteles — e Kundera — oferece uma proposição atraente. Para os leitores de romances parece de certo modo correto; o romancista, ao revelar para seus leitores os modos dos humanos no mundo, suas experiências com os outros e consigo mesmos, pode proporcionar um profundo choque de reconhecimento: É assim que são as pessoas! É assim que elas amam e odeiam! É assim que decidem ou se enganam! Um exame do cânone literário oferece um conjunto impressionante de romancistas, de antenas tremulando com fino discernimento, que, pondo seus personagens à prova, atingiram compreensões deslumbrantes da natureza humana em ação. Dostoiévski sondando as profundezas da culpa e da redenção, Proust explorando variações sobre as calamidades do amor ciumento, Henry James dissecando as nuanças mais sutis do pensamento — apenas três exemplos de descobridores superlativos de verdades. Outros acodem prontamente à mente. Lembro-me da negação de Freud de que tivesse descoberto o inconsciente: como um leitor ávido, ele sabia que os escritores imaginativos — *Dichter* — já o haviam descoberto antes, deixando-lhe apenas a tarefa de transformar as intuições em ciência. Não há como negar que os homens e as mulheres de imaginação podem, lançando mão apenas de sua imaginação criativa, vislumbrar vistas até então ocultas; embora, eu insistiria, um pouco de conhecimento ajude bastante.

Eu também insistiria que, ao louvar as percepções do romancista, estamos falando de sua perspicácia psicológica. Nessa imensa área, o estudo das mentes individuais e das mentalidades coletivas, o romancista e o historiador se encontram. Pois, digam os historiadores o que quiserem, eles também, por mais amadorísticos que se revelem, são psicólogos. Em *Tom Watson: Agrarian Rebel* (1938), C. Vann Woodward, escrevendo sobre a vida de um poderoso populista da Geórgia, teve de tornar verossímil um político que tinha começado como um defensor eloquente e corajoso dos pobres e reinventou-se como um racista incendiário apelando às emoções da turba. "Eu não tinha nenhuma teoria psicológica adequada", lembrou Woodward ao recordar, "nenhuma explicação abrangente do enigma, que eu pudesse expressar com convicção."[5] O que ele tinha era uma inteligência sensível e a disposição para deixar que os materiais que trazia à luz operassem em sua mente. E o livro é um companheiro extraordinário, com suas percepções das mentes do líder e dos liderados, de *Todos os homens do rei* (1946) de Robert Penn Warren, baseado na carreira de Huey Long, um livro que iluminou brilhantemente o homem que governou a Louisiana no final da década de 1920 e começo da década de 1930 ("Eu sou a Constituição!"). Com dois escritores assim tão talentosos, um historiador e o outro romancista, todo esforço de estabelecer escalas comparativas está fora de questão. Eles atingiram as mesmas verdades por caminhos diferentes.

A segunda crítica provoca mais inquietação nos dias de hoje e merece um comentário mais meticuloso. A invasão pós-modernista no habitat natural do historiador é totalmente imparcial: nega as pretensões — tanto dos historiadores como dos romancistas — à veracidade pelo simples motivo de que, para começar, não existe isso que se chama verdade. Tudo, tanto uma obra de história como um romance, é apenas um texto com seus subtextos. Jacques Derrida, o guru dos pós-modernistas, e alguns seguidores em voga, como Gayatri Chakravorty Spivak, vêm sustentando consistentemente que os textos não têm uma identidade estável. Por isso, todos os textos, inclusive os históricos, por mais sólidos que pareçam, são suscetíveis das leituras mais variadas. O realismo dos historiadores é uma ilusão.

Deve parecer estranho à maioria dos historiadores que os pós-modernistas achem, entre eles, que isso seja um motivo antes de celebração que de lamento. As histórias encantadoras que um historiador pode contar, nas palavras de Simon Schama, "dissolvem a certeza dos acontecimentos nas múltiplas possibilidades de narrações alternativas".[6] Tal animação vai de encontro à sabedoria convencional entre os historiadores: eles são treinados, afinal, para fazer de tudo para eliminar o máximo possível de narrações alternativas e estabelecer aquela que a seus olhos chega mais perto da verdade. Sir Lewis Namier, um combativo especialista em política inglesa do século XVIII, disse, há alguns anos, que a principal tarefa do historiador é descobrir como as coisas *não* aconteceram. Nada mais verdadeiro: os estudiosos do passado provavelmente despendem mais energia rejeitando interpretações que as apresentando.

Hayden White, o mais influente entre os historiadores pós-

-modernistas, levou a perspectiva relativista a seus limites. "Os acontecimentos históricos", ele escreve, "devem constituir ou manifestar um amontoado de histórias 'reais' ou 'vividas', que têm apenas de ser compreendidas ou extraídas das evidências e exibidas diante do leitor para que sua verdade seja reconhecida imediata e intuitivamente." Mas isso é uma ilusão, uma atitude "equivocada ou, na melhor das hipóteses, mal concebida. As histórias, como as afirmações factuais, são entidades linguísticas e pertencem à ordem do discurso".[7] Para os pós-modernistas, os fatos não são descobertos, mas criados; seus ancestrais intelectuais, remontando ao menos até Goethe, insistiram por muito tempo que todo fato já é uma interpretação. Como uma construção social, é inerentemente modelado pelos mitos sociais dominantes que mantêm o historiador (bem como o romancista) preso em sua garra de ferro. Vieses, antolhos, estreiteza de visão, pontos cegos, toda espécie de impedimentos à objetividade são essenciais na própria natureza de todos os esforços humanos para conhecer; o estudioso do passado é o prisioneiro de sua própria história pessoal. Nessa visão, escrever história é apenas outra maneira de escrever ficção.

2

Contra esse ceticismo, quero sublinhar que a afirmação de que não há fatos inocentes, que são todos contaminados pelo veneno do sectarismo, é inteiramente insustentável. É refutada todos os dias pelo número infinito de fatos e interpretações sobre os quais historiadores de todas as tendências estão de acordo. À parte seu absurdo inerente, a tentativa pós-modernista de reduzir à irrelevância a busca da verdade empreendida pelo historiador tem consequências práticas. Forçaria os escritores de fatos e os escritores de ficção a um casamento indesejado sob a mira de uma arma. A defesa em voga da subjetividade virtualmente sem freios levaria a uma regressão do status autônomo que os historiadores tinham começado a reivindicar no século XVIII, a uma retirada de um território energicamente guardado e produtivamente cultivado.* Depois de um milênio de escravidão à teologia, durante o qual os historiadores atribuíam as causas dos acontecimentos à vontade divina, os filósofos do século XVIII argumentaram que apenas a atuação da natureza e da atividade humana pode fazer diferença no mundo.

Essa secularização das causas produziu dividendos para a profissão histórica. No final do século XIX, os historiadores tinham passado a se ver, com real convicção, ainda que com excessiva confiança, como cientistas. Admitiam que pressuposições fortemente sustentadas — intelectuais, políticas, teológicas — costumam infectar a livre curiosidade investigativa. Quando, no final do século XIX, lorde Acton expressou a esperança de encontrar um historiador francês, um alemão e um britânico que estivessem de acordo sobre um relato da batalha de Waterloo, isso parecia para seus contemporâneos um desejo digno mas utópico.

O que significa que os historiadores não precisam dos pós-modernistas para lhes dizer que o ponto de vista de profissionais individuais, em parte inconsciente, pode impedir um tratamento objetivo do passado. Eles assim afirmariam ao desmascarar alegremente a parcialidade dos outros. Mas tratariam essas armadi-

---

* Por algumas décadas, começando na de 1930, os historiadores norte-americanos foram bombardeados, ainda que não persuadidos, por historiadores proeminentes que pregavam a subjetividade de seu ofício. Em 1931, Carl Becker abalou a profissão com seu discurso presidencial, "Todo mundo seu próprio historiador", seguido dois anos mais tarde por "A história escrita como um ato de fé", de Charles A. Beard. Não é difícil refutar o ceticismo que Becker e Beard apregoaram mas nunca praticaram na própria obra. Mas nos faz pensar que felizmente os historiadores que escrevem a história desconsideram em geral as proposições filosóficas dúbias que abraçam quando escrevem *sobre* a história.

lhas no caminho para a verdade antes como obstáculos a ser superados do que como leis da natureza humana a ser humildemente seguidas. Devem continuar céticos quanto ao "axioma um tanto banal" de Schama de que "as pretensões ao conhecimento histórico devem ser sempre fatalmente circunscritas pelo caráter e preconceitos de seu narrador".[8] É por certo um tanto banal, mas "sempre" e "fatalmente"?

É muitas vezes possível traçar os motivos subjacentes à escolha de assunto de um historiador. A ânsia de desafiar os mais velhos ou a ânsia de obedecer a eles, o incumbir-se entusiástico de uma tarefa difícil ou a sua ansiosa rejeição, são apenas algumas das razões que podem impelir as pesquisas de um estudioso numa ou noutra direção. Há tempos de sublevação e calamidades — o século XX foi demasiado rico nesses tempos — em que um historiador não pode afastar as primeiras experiências; todos conhecemos refugiados do totalitarismo, ao mesmo tempo horrorizados e fascinados por sua dor, que passaram a carreira inteira desesperados para compreender, explicar, talvez tornar a encenar compulsivamente os traumas de sua juventude.

Mas há uma diferença fundamental entre os motivos para tratar de um assunto e os resultados, entre o que os cientistas chamam de contexto da descoberta e o contexto da justificação. Certo, o leitor não pode esperar uma biografia simpática de Martinho Lutero vinda de um católico romano devoto ou uma análise positiva da vida de Oliver Cromwell feita por um monarquista. Entretanto, educados rigorosamente na vocação de historiador, esse católico e esse monarquista são estimulados a pôr de lado seus pontos de partida, como que a deixar para trás a própria autobiografia. Seu superego profissional é treinado para antecipar o que os críticos estariam fadados a revelar: o amor ou o ódio que ditou a pena de um historiador, os compromissos ocultos que impuseram conclusões desequilibradas a outro. O espectro dos críticos potenciais apontando os lápis, dos pares julgando impiedosamente os pares, tem o efeito notável de tornar sóbrios os autores.

Também não são os críticos os únicos a deter a mão do partidário apaixonado. Há muitas décadas, os historiadores desenvolveram um conjunto de técnicas defensivas, que, apesar de não garantirem a objetividade pura, reduzem a probabilidade de uma perspectiva gritante ou insinuada. A nota de pé de página e a bibliografia são afirmações de fontes realmente usadas e de passagens citadas corretamente e dentro do contexto, todas as duas abertas ao escrutínio público e a um reexame diligente. Arrolam o historiador numa corporação profissional de padrões bem estabelecidos — os próprios padrões também sujeitos ao escrutínio.

Nenhum procedimento é infalível. Apesar de todas as imensas áreas de consenso, os historiadores notoriamente discordam entre si. Mas isso não é apenas uma questão de moda ou de impor a mentalidade do presente ao passado de maneira não profissional: um historiador pode mobilizar documentação superior à que seus competidores usaram; outro pode abordar um tema familiar com uma disciplina auxiliar não convencional (como a psicanálise) para chegar a uma interpretação mais abrangente e mais perspicaz do que as propostas por pesquisadores anteriores. Nem as fortes convicções éticas frustram necessariamente a tentativa do historiador de tratar seu tema com justiça: um historiador pode acreditar que comer gente é errado, e ainda assim tentar fazer justiça aos canibais. O historiador norte-americano Thomas L. Haskell disse incisivamente: "Objetividade não é neutralidade".[9] De fato, nas mãos corretas, um certo modo de ver o mundo só aumentará e aguçará, em vez de limitar, a visão do passado apresentada pelo historiador.

Em suma, os debates dos historiadores (sem os quais a profissão seria reduzida a um tedioso relato de fatos universalmente aceitos) fazem parte de um interminável empreendimento coletivo que tenta se aproximar do exato ideal de lorde Acton: um acordo inteiramente bem informado sobre o passado. Nenhuma das objeções propostas contra esse ideal é válida. Para falar sem rodeios: pode haver história na ficção, mas não deve haver ficção na história.

3

Que tipo de história, então, os romancistas fazem melhor? Seu caminho mais promissor para a verdade reside em sua capacidade de se moverem entre o que chamei de macro e micro, sociedade e indivíduo. Considere-se mais uma vez Thomas Buddenbrook, o personagem a quem Thomas Mann, desafiadoramente, chamou de herói. Ele é não só uma pessoa característica e sofredora como também um tipo social, um burguês inquieto da velha cepa que hesitantemente abraça o destino de um burguês moderno. Sua vida, como Mann a descreve, é unicamente sua, com seu casamento infeliz, o filho distante e alheio, o tédio com os deveres públicos, a descoberta de Schopenhauer, até as dores de dente. Mas, ao mesmo tempo, ele representa muitas vidas da classe média, e não apenas em Lübeck. Em outras palavras, os personagens mais característicos, mais individualizados do romancista podem representar simultaneamente realidades mais inclusivas. Não são apenas os acontecimentos que o romancista pode iluminar — para isso, como disse no início, o leitor precisa consultar uma segunda opinião —, mas a recepção dos acontecimentos.

É assim, por meio de reações individuais, que o romancista visualiza e efetivamente encarna de um modo espetacular acontecimentos apinhados de gente, algo que um relato sem adornos jamais poderia fazer. Ele — ou ela — deve ver pelos olhos de um único participante. Errando pelo campo de batalha de Waterloo em *A cartuxa de Parma*, de Stendhal, Fabrice revela uma cena confusa e quase incompreensível de batalha, típica da maioria das batalhas; mas é por meio da consciência de Fabrice que Stendhal transmite essa realidade comum com uma proximidade convincente. Em *A educação sentimental*, o relato de Flaubert sobre o entusiasmo político desencadeado na Paris do início de 1848 pode ser lido como um ensaio sobre psicologia de massa, mas ele se manifesta por meio de participantes altamente individualizados — Frédéric Moreau e seus amigos.

Para reiterar esse ponto essencial, ainda que óbvio, os romances são ficções, e não monografias: a carreira de Becky Sharp entre homens ávidos por conquistas sexuais em *Feira das vaidades*, de Thackeray, permite o acesso à classe política inglesa dos tempos napoleônicos, mas a personagem permanece ousada, inesquecivelmente ela própria. Effi Briest, a heroína epônima do romance mais famoso de Theodor Fontane, desnuda os castigos desproporcionalmente altos do pecado na sociedade respeitável da Alemanha imperial; mas, vítima amável, ela vive e morre na mente do leitor como uma jovem mãe inocente e comovente, condenada por um único deslize erótico. Se os protagonistas dos romances não passarem de meros indivíduos, a ficção que eles dominam não terá nenhuma contribuição para o historiador; se esses protagonistas não passarem de meros tipos, o romance em que aparecem não será uma contribuição séria para a literatura.

A obra histórica mais admirável realizada pelos romancistas modernos tem sido o "romance-do-ditador". O gênero é considerável e está crescendo com rapidez, muito notavelmente — por razões bem óbvias — entre os escritores latino-americanos. Talvez o exemplo mais extraordinário desse tipo seja *O outono do patriarca*, publicado em 1975. Como propõe a questão da verdade na ficção em sua forma mais dramática, pode servir para concluir esta discussão. García Márquez, cuja Colômbia natal tinha experimentado sua cota de repressão política, escrevera sobre o impacto das ditaduras quase desde o início de sua carreira, revelando os silêncios prudentes, os circunlóquios de sentido conhecido apenas para certos círculos e o puro terror característicos desse regime. Mas, em *O outono do patriarca*, ele empregou recursos estilísticos não convencionais com uma fineza excepcional e ampliou o tema de sua investigação.

Ao informar-se sobre o despotismo, García Márquez examinou a história antiga, elevando seu tema ao fenômeno histórico como tal. "Aprendi muito com Plutarco e Suetônio", disse numa entrevista em 1977, "bem como em geral com todos os biógrafos de Júlio César"; isso o ajudou a desenhar "aquela colcha de retalhos maluca que é o velho Patriarca, alinhavada como foi a partir de todos os ditadores na história humana".[10] Ele está longe dos puristas cheios de princípios que categoricamente separam a ficção do fato, não permitindo nenhuma ponte entre os dois, e recusando-se a ver a presença do mundo real na ficção num desafio às evidências mais palpáveis. De sua parte, García Márquez reconhece livremente a força dos acontecimentos reais em seu romance, da verdade sobre a ficção. Em sua obra (como na de outros), a história está sempre no fundo de sua mente.

Entretanto, o âmago de *O outono do patriarca* não está em Júlio César, mas na América do Sul e na América Central. O romance não é o retrato de um único déspota, mas, conforme a ampla formulação de García Márquez, "uma síntese de todos os ditadores latino-americanos, mas sobretudo os do Caribe".[11] Em suma, vai além das recentes décadas sanguinárias para revelar o que o romancista chamou de "fantasmas da América Latina".[12]

Depois que os países da América do Sul e da América Central se tornaram independentes da Espanha, no início do século XIX, a maioria oscilou entre a anarquia e o autoritarismo, e alguns foram regidos por megalomaníacos supersticiosos e sedentos de sangue que se pavoneavam em uniformes elegantes. Em seu discurso ao aceitar o Prêmio Nobel de Literatura, em 1982, García Márquez contou algumas histórias de arrepiar sobre o desgoverno desses países, que talvez fossem engraçadas se toda a história da América Latina não estivesse tão impregnada de sangue.* Seu comentário sombrio: "Jamais tivemos um momento de serenidade".[13] Sem dúvida, García Márquez dispunha de um material extraordinariamente rico a que recorrer.

Seu romance conta a vida e a morte de um "Patriarca" não nomeado num país não nomeado, provavelmente caribenho, chamado de "General". Ele exibe todos os traços esperados num déspota — narcisismo, brutalidade, libertinagem sexual, uma certa rudeza nativa — e mais: a ele se atribui a realização de milagres como mudar o tempo do dia e o clima a uma ordem sua. Esses atos sobrenaturais são, claro, a hipérbole inerente ao realismo mágico, mas eles são um retrato incômodo das realidades graves, terríveis

---

* "O general Antonio López de Santana, por três vezes ditador do México, mandou que a mão direita que havia perdido na assim chamada Guerra dos Pastéis fosse enterrada numa cerimônia fúnebre com toda a pompa. O general García Moreno governou o Equador por dezesseis anos como um monarca absoluto, e seu cadáver, vestido com o seu uniforme de gala e sua couraça coberta de medalhas, permaneceu sentado no trono presidencial. O general Maximilian Hernández Martínez, o déspota teosófico de El Salvador, que determinou o extermínio de 30 mil camponeses numa matança selvagem, inventou um pêndulo para descobrir se a comida estava envenenada e mandou que as lâmpadas das ruas fossem cobertas com papel vermelho para combater uma epidemia de escarlatina. O monumento ao general Francisco Morazán, erguido na praça principal de Tegucigalpa, é na realidade uma estátua do marechal Ney, que foi comprada num depósito de estátuas de segunda mão em Paris" ("Solitude of Latin America", *New Readings*, p. 208).

das ditaduras reais. *O outono do patriarca* lembra os políticos dominicanos do século XIX fazendo compras para descobrir alguém que quisesse comprar seu país: apresenta o General vendendo o mar que limita seus domínios. O que Hilary Mantel disse da Revolução Francesa vale ainda mais para esse déspota e seu país meio imaginário: qualquer coisa que pareça particularmente inverossímil é provavelmente verdade.

O que é histórico, o que é inventado em *O outono do patriarca*? O romance não oferece respostas fáceis e boicota deliberadamente as pistas que se digna oferecer. Cada uma das seis partes — cada uma formada por um único rio fluente de um parágrafo — começa com a descoberta do corpo do general e depois se desvia para sua vida bizarra. Não há um tempo dramático perceptível para a ação: García Márquez não apresenta datas e introduz, junto com fuzileiros navais norte-americanos, figuras anacrônicas como Cristóvão Colombo. Tampouco atribui ao Patriarca alguma idade específica; ele tem entre 107 e 232 anos. O mais intrigante de tudo: as vozes narrativas que García Márquez utiliza são de uma fluidez estontenante. Os falantes são anônimos e oniscientes. Na maior parte, parecem pertencer ao público em geral ou ser talvez um dos oficiais próximos ao General. Mas outros assumem a tarefa de narrar, entre eles os guardas do ditador, uma prostituta, a mãe do Patriarca, o próprio Patriarca — ou essas últimas e cruciais passagens no livro não passam de discursos relatados pela voz coletiva? Às vezes, só para complicar essas complicações, o romance muda a identidade do narrador no meio da frase.

Até as últimas duas ou três páginas, quando há uma mudança sutil de tom mas não de estilo, todos os narradores falam num tom prosaico, mesmo nos episódios horrendos que relatam, um tom só aliviado, talvez intensificado, pelo humor macabro de García Márquez. E ele não analisa o governo do Patriarca; ele simplesmente o descreve, um incidente grotesco após o outro. Em seu último dia sobre a Terra, o Presidente, interpelado pela Morte, compreende que, "depois de tantos anos de ilusões estéreis, ele começara a vislumbrar", mas demasiado tarde, "que até a mais ampla e a mais útil das vidas apenas atinge o ponto de aprender como viver, ele tomara consciência da sua incapacidade de amar...". Quando o livro se fecha, "multidões frenéticas" saúdam "a notícia jubilosa de sua morte" e "os sinos da glória, que anunciavam ao mundo a boa-nova de que o tempo inestimável da eternidade tinha chegado ao fim".[14]

Seria não perceber as intenções de García Márquez acusá-lo de pregar a sabedoria banal de que, para sobreviver à tirania, basta amar. Ele quer impregnar o leitor numa atmosfera inseparável da corrupção do poder ditatorial. Os detalhes históricos — ou pseudo-históricos — nessa ficção, como os de outros realistas mágicos nesse gênero, importam muito menos do que o retrato devastador da podridão difusa em que tanto os corrompidos como os corruptores devem viver: a competição depravada entre os auxiliares do ditador e seu servilismo desavergonhado na presença dele; o recurso à tortura ao farejar conspirações reais e imaginárias; as "execuções" realizadas pelos capangas que o regime encontra amplas razões para empregar; as oportunidades de satisfazer a ganância do governante por dinheiro, propriedades e mulheres; o nepotismo desenfreado que torna sua família beneficiária de uma generosidade escandalosa; sem negligenciar os apelos demagógicos à populaça — mais circos do que pão — que transformam as classes profissionais, os negociantes e também os pobres em cúmplices do déspota.

Os *caudillos*, e os regimes que eles estabelecem e cruelmente defendem, estão longe de ser todos iguais. Mas a maldição da existência sob seu domínio é sempre a morte da razão, a pura imprevisibilidade da vida. Sem uma Constituição para refreá-lo, ou com uma Constituição cinicamente ignorada em suas ordens, ninguém

— nem o milionário, nem o mendigo — pode tomar decisões racionais. Honestidade, lealdade, trabalho duro, recompensa ao mérito — esses parâmetros tradicionais foram eliminados ou ficaram tão desfigurados que se tornaram ilegíveis. A vontade do *caudillo* é a lei; por isso, a confiança é a primeira baixa sob seu tacão. A paranoia se torna endêmica, normal de certa forma. O dito de que até os paranoicos têm inimigos está longe de ser uma simples piada: o ditador tem boas razões para suspeitar de todos e de tudo.

Não fica imediatamente claro por que o autor chama *O outono do patriarca* "um poema sobre a solidão do poder",[15] pois essa é uma afirmação elíptica: a solidão de que ele fala é a sina de todos. Na medida em que consegue tornar persuasivo seu argumento, empregando fantasias literárias que nenhum historiador poderia ou deveria querer imitar, García Márquez escreveu um romance profundamente histórico. Com sua veracidade essencial, o romance se torna um aliado honroso da história mais incisiva da ditadura de Trujillo na República Dominicana ou do governo de Pinochet no Chile. Em suma: nas mãos de um romancista de primeira categoria, uma ficção pode fazer história, nos dois significados dessa expressão.

Notas

ABREVIAÇÕES

C. D. — Charles Dickens
G. F. — Gustave Flaubert
T. M. — Thomas Mann

PRÓLOGO: ALÉM DO PRINCÍPIO DA REALIDADE [pp. 11-28]

1. Vide *Flaubert and Turgenev: A Friendship in Letters. The Complete Correspondence*, trad. e ed. Barbara Beaumont (1985), p. 37.
2. G. F. a Louise Colet (30 de agosto de 1846). *Correspondance*, ed. Jean Bruneau, 4 vols. até o momento (1973-), I, p. 321.
3. T. M., "Bilse und ich", *Gesammelte Werke in zwölf Bänden* (1960-74; citado deste ponto em diante como *Werke*), X, p. 12.
4. T. M., *Buddenbrooks. Verfall einer Familie* (1901; ed. 1981), p. 51 (parte II, cap. 1).
5. G. F., *Éducation sentimentale*. *Œuvres*, ed. A. Thibaudet e R. Dumesnil, 2 vols. (1951-2), II, p. 448 (parte III, cap. 6).
6. G. F. à sua mãe (24 de novembro de 1850), *Correspondance*, I, pp. 711-2.
7. C. D., *Hard Times. For These Times* (1854; ed. David Craig, 1969), p. 47 (cap. 1).
8. Ibid., p. 48 (cap. 2).

9. Hilary Mantel, *A Place of Greater Safety* (1992; ed. 1998), p. x.

10. Sobre essa interpretação limitada, ver Theodore J. Jacobs, rapporteur, "Trauma and Mastery Through Art: The Life and Work of George Eliot", *Journal of Applied Psychoanalytic Studies*, I, 4 (outubro de 1999), pp. 959-60.

11. Virginia Woolf, "Mr. Bennett and Mrs. Brown" (1924), *The Captain's Death Bed and Other Essays* (1950), pp. 91, 98, 90, 97.

1. O ANARQUISTA ZANGADO: CHARLES DICKENS EM "CASA SOMBRIA"
[pp. 29-64]

1. G. H. Lewes, carta aberta ao *Leader*, 3 de fevereiro de 1853. *Dickens: The Critical Heritage*, ed. Philip Collins (1971), p. 273.

2. C. D., *Bleak House* (1854; ed. Stephen Gill, 1996), prefácio, p. 6.

3. W. M. Thackeray, *Fraser's Magazine* (agosto de 1840); *Dickens: Critical Heritage*, p. 46.

4. C. D., *Bleak House*, prefácio, p. 6.

5. C. D. a John Forster (9 de março [?] de 1852), *The Letters of Charles Dickens*, ed. Madeline House, Graham Story, et al., 11 vols. até o momento (1965-), VI, p. 623.

6. C. D. a mrs. Richard Watson (21 de setembro de 1853), *Letters*, VII, p. 154.

7. C. D. a Leigh Hunt (início de novembro de 1853), ibid., 460.

8. C. D. a Leigh Hunt, ibid.

9. C. D., *Bleak House*, p. 11 (cap. 1).

10. Ibid., p. 12 (cap. 1).

11. C. D., *Adventures of Oliver Twist* (1838; ed. Humphry House, 1949), p. 399 (cap. 51).

12. "A Crisis in the Affairs of Mr. John Bull, as Related by Mrs. Bull to the Children", *Household Words*, 23 de novembro de 1850. *The Works of Charles Dickens*, edição da National Library, 40 vols. (1902-8). *Miscellaneous Papers, Plays and Poems*, XVIII, p. 215.

13. C. D., *Bleak House*, p. 13 (cap. 1).

14. Ibid., p. 24 (cap. 3).

15. Ibid., p. 891 (cap. 64).

16. Ibid.

17. John Forster, *Examiner*, 8 de outubro de 1853. *Dickens: Critical Heritage*, p. 291.

18. G. H. Lewes, resenha do vol. 1 da vida de Dickens por John Forster, *Fortnightly Review* (fevereiro de 1872), ibid., p. 574.

19. George Brimley, *Spectator*, 24 de setembro de 1853, ibid., p. 285.

20. Anon., *Bentley's Miscellany* (outubro de 1853), ibid., p. 289.

21. C. D., prefácio a Charles Dickens Edition (1869), *The Personal History of David Copperfield* (1850; ed. Trevor Blount, 1966), p. 47.

22. John Forster, *The Life of Charles Dickens*, 2 vols. (1872-4), II, p. 133.

23. George Orwell, "Charles Dickens" (1939), *A Collection of Essays by George Orwell* (1954), p. 109.

24. Henry James, "Our Mutual Friend", *Nation*, 21 de dezembro de 1865. *The Critical Muse: Selected Literary Criticism*, ed. Roger Gard (1987), p. 52.

25. C. D., *David Copperfield*, p. 429 (cap. 25).

26. C. D., *Bleak House*, p. 24 (cap. 3).

27. Ibid., pp. 25-6 (cap. 3).

28. Ibid., p. 27 (cap. 3).

29. Forster, *Life of Dickens*, I, 38.

30. C. D. a Richard Johns (31 de maio de 1837), *Letters*, I, p. 263.

31. C. D. a John Forster (18 de janeiro de 1844), *Letters*, IV, p. 24.

32. C. D. a John Forster (outubro-novembro de 1846), ibid., IV, p. 651.

33. C. D., *Bleak House*, pp. 654-8 (cap. 46).

34. Henry Fothergill Chorley, resenha no *Atheneum*, 17 de setembro de 1853. *Dickens: Critical Heritage*, p. 279.

35. C. D., "The Verdict for Drouet", *Household Words*, 21 de abril de 1849. *The Works of Charles Dickens*, XVIII, p. 93.

36. C. D., "The Paradise at Tooting", *Household Words*, 20 de janeiro de 1849, ibid., pp. 81-2.

37. C. D., *Bleak House*, p. 854 (cap. 60).

38. John Stuart Mill a Harriet Taylor (20 de março de 1854), *Collected Works of John Stuart Mill*, ed. J. M. Robson, et al., 33 vols. (1963-91), XIV, p. 199.

39. C. D., "Discurso no primeiro número de *Household Words*" (30 de março de 1850), *The Works of Charles Dickens*, XVIII, p. 113.

40. C. D. a mrs. Talfourd (27 de abril de 1844), *Letters*, IV, p. 114.

41. Walter Bagehot, "Charles Dickens", *National Review* (outubro de 1856), in *Literary Studies*, 3 vols. (1895; ed. 1910), II, p. 157.

42. C. D. a W. H. Wills (10 de agosto de 1851), *Letters*, VI, p. 457.

43. C. D., *Little Dorrit* (1857; ed. John Holloway, 1967), p. 145 (cap. 10).

44. James Fitzjames Stephen, "The Licence of Modern Novelists" (resenha de *Little Dorrit*), *Edinburgh Review* (julho de 1857). *Dickens: Critical Heritage*, pp. 369-70.

45. C. D., *Bleak House*, p. 173 (cap. 12).

46. George H. Ford, *Dickens and His Readers* (1955).

2. O ANATOMISTA FÓBICO: GUSTAVE FLAUBERT EM "MADAME BOVARY" [pp. 65-104]

1. G. F. a Louise Colet (3 de março de 1852), *Correspondance*, II, pp. 55-6.
2. G. F. a Jules Duplan (10 [?] de maio de 1857), ibid., p. 713.
3. G. F. a Jules Duplan (depois de 28 de maio de 1857), ibid., p. 726.
4. G. F. a Jules Duplan (10 [?] de maio de 1857), ibid., p. 713.
5. G. F. a Jules Duplan (26 de julho de 1857), ibid., p. 747.
6. G. F. à sobrinha Caroline (9 de março de 1868), *Correspondance*, III, p. 729.
7. G. F. a Louis Bonenfant (12 de dezembro de 1856), *Correspondance*, II, p. 652.
8. Charles Baudelaire, "Madame Bovary par Gustave Flaubert", *L'Artiste*, 18 de outubro de 1857. *Œuvres complètes*, ed. Y. G. Le Dantec e Claude Pichois (1961), p. 651.
9. G. F. a Louise Colet (24 de abril de 1852), *Correspondance*, II, p. 76.
10. G. F. a Hippolyte Taine (20 [?] de novembro de 1866), ibid., III, p. 562.
11. G. F. a Louise Colet (28 de junho de 1853), ibid., II, p. 367.
12. G. F. a Edma Roger des Genettes (15 [?] de abril de 1875), ibid., IV, p. 920.
13. Charles-Augustin Sainte-Beuve, "Madame Bovary, par M. Gustave Flaubert" (4 de maio de 1857), *Causeries du Lundi*, 15 vols. (1850-80), XIII, p. 363.
14. G. F. a Charles Baudelaire (13 de julho de 1857), *Correspondance*, II, p. 744.
15. G. F. a Edmond e Jules de Goncourt (12 de agosto de 1865), ibid., III, p. 454.
16. G. F. a Charles-Augustin Sainte-Beuve (5 de maio de 1857), ibid., II, p. 710.
17. G. F. a Louis Bonenfant (12 de dezembro de 1856), ibid., p. 652.
18. G. F. a Louise Colet (11 de janeiro de 1847), ibid., I, p. 425.
19. G. F. a Louise Colet (26 de abril de 1853), ibid., II, p. 316.
20. G. F. a Louise Colet (24 de abril de 1852), ibid., p. 75.
21. G. F. a Louise Colet (20 de junho de 1853), ibid., p. 362.
22. G. F. a Louise Colet (9 de dezembro de 1852), ibid., p. 294.
23. G. F. a Louise Colet (26 de outubro de 1852), ibid., p. 174.
24. G. F. a Louis Bouilhet (30 de maio de 1855), ibid., p. 576.
25. G. F. a Maxime du Camp (início de julho de 1852), ibid., p. 121.
26. G. F. a Louise Colet (20 de junho de 1853), ibid., p. 357.
27. G. F. a Louise Colet (24 de abril de 1852), ibid., p. 76.
28. G. F. a Louise Colet (24 de abril de 1852), ibid., p. 76.
29. G. F. à sua sobrinha Caroline (25 de outubro de 1872), ibid., IV, p. 593.

30. G. F. a Ernest Feydeau (28 de outubro de 1872), ibid., p. 596.
31. G. F. a George Sand (30 de abril de 1871), ibid., IV, pp. 313-4.
32. *Madame Bovary. Mœurs de province* (1857). Gustave Flaubert, *Oeuvres*, 2 vols., ed. Albert Thibaudet e René Dumesnil (1951-2), I, p. 331 (parte I, cap. 7).
33. Ibid., p. 323 (I, 6).
34. Ibid.
35. Ibid., p. 324 (I, 6).
36. Ibid., p. 325 (I, 6).
37. Ibid., p. 327 (I, 6).
38. G. F. a Ernest Feydeau (17 de agosto de 1861). *Correspondance*, III, p. 170.
39. G. F. a Louise Colet (30 de abril de 1847), ibid., I, p. 452.
40. G. F. a Albert LePoittevin (17 de junho de 1845), ibid., p. 241.
41. G. F. a Louise Colet (10 de setembro de 1846), ibid., p. 334.
42. G. F. a Louis Bouilhet (13 de março de 1850), ibid., p. 607.
43. Caroline Flaubert a G. F. (10 de novembro de 1842), *Correspondance*, I, p. 126.
44. G. F. a Alfred LePoittevin (1º de maio de 1845), ibid., p. 227.
45. G. F., *Mémoires d'un fou* (1839; publ. 1900-1). *Mémoires d'un fou, Novembre et autres texts de jeunesse*, ed. Yvan Leclerc (1991), pp. 292-3.
46. G. F. a Elisa Schlésinger (28 de maio de 1872), *Correspondance*, IV, p. 529.
47. G. F., *Madame Bovary*, pp. 518-9 (III, 2).
48. Ibid., p. 410 (II, 7).
49. Ibid., p. 466 (II, 12).
50. G. F., *Madame Bovary, nouvelle version*, com esboços e rascunhos inéditos, ed. Jean Pommier e Gabrielle Leleu (1949), p. 93.
51. G. F., *Madame Bovary*, p. 466 (II, 12).
52. Ibid., p. 502 (III, 1).
53. James Fitzjames Stephen, *Saturday Review*, 11 de julho de 1857.
54. Ibid., p. 57.
55. G. F. a Louis Bonenfant (12 de dezembro de 1856), *Correspondance*, II, p. 656.
56. G. F. a Edmond Pagnerre (31 de dezembro de 1856), ibid., p. 656.
57. G. F. a Achille Flaubert (1º de janeiro de 1857), ibid., p. 657.
58. G. F. a Achille Flaubert (16 de janeiro de 1857), ibid., p. 667.
59. G. F. a Louise Colet (22 de abril de 1854), ibid., p. 557.
60. Alfred Cobban, *A History of Modern France*, vol. 2, 1799-1871 (1961; 2ª ed., 1965), p. 162.
61. Ernest Pinard, "Réquisitoire" (alegação do promotor no *Ministère Public* vs. Gustave Flaubert, 28 de janeiro de 1857). G. F., *Œuvres*, I, pp. 631-2.

62. Ibid., p. 627.
63. Ibid., pp. 623, 624, 628.
64. G. F. a Achille Flaubert (6 de janeiro de 1857), *Correspondance*, II, p. 662.
65. Fitzjames Stephen, *Saturday Review*, 11 de julho de 1857.
66. G. F. a Louise Colet (24 de abril de 1852), *Correspondance*, II, p. 77.
67. G. F., *Madame Bovary*, p. 307 (I, 2).
68. Ibid., p. 311 (I, 3).
69. Ibid., p. 438 (II, 9).
70. Ibid., pp. 548-9 (III, 6).
71. Ibid., p. 439 (II, 9).
72. Ibid., p. 556 (III, 6).
73. G. F. a Hippolyte Taine (14 de junho de 1867), *Correspondance*, III, p. 655.
74. G. F. a Louise Colet (28 de junho de 1853), ibid., II, p. 367.
75. G. F. a Louis Bouilhet (30 de setembro de 1855), ibid., pp. 597-600.
76. G. F. a George Sand (18 de dezembro de 1867), *Correspondance*, III, p. 711.
77. Charles Baudelaire, "Madame Bovary par Gustave Flaubert", *Œuvres*, p. 651.
78. G. F. a Edma Roger des Genettes (30 de outubro de 1856), ibid., II, p. 644.
79. G. F., *Madame Bovary*, p. 611 (III, 11).

3. O ARISTOCRATA REBELDE: THOMAS MANN EM "OS BUDDENBROOK" [pp. 105-40]

1. T. M., "Der französische Einfluss" (1904), *Werke*, X, p. 837.
2. Ibid.
3. T. M., "Bilse und ich" (1906), *Werke*, X, p. 11.
4. T. M. a Martha Hartmann (23 de abril de 1903), *Thomas Mann. Teil I, 1889--1917*, ed. James Wysling, com Marianne Fischer, 3 vols. (1975-81), I, p. 37.
5. T. M. a Julius Bab (5 de outubro de 1910), ibid., p. 45.
6. T. M., *Buddenbrooks. Verfall einer Familie* (1901), *Werke*, I, p. 523 (parte VIII, cap. 7).
7. T. M., *Betrachtungen eines Unpolitischen*, *Werke*, XII, p. 145.
8. Ibid., p. 73.
9. T. M. a Heinrich Mann (13 de fevereiro de 1901), *Briefe*, ed. Erika Mann, 3 vols. (1962-5), I, p. 25.
10. T. M. a Heinrich Mann (7 de março de 1901), ibid., p. 27.
11. T. M., *Buddenbrooks*, p. 781 (XI, 3).
12. Ibid., p. 146 (III, 9).
13. Ibid., p. 163 (III, 14).

14. Ibid., p. 168 (III, 15).
15. Ibid., p. 170 (III, 15).
16. Ibid., p. 56 (II, 1).
17. Ibid.
18. Ibid., p. 114 (III, 4).
19. Ibid., p. 105 (III, 2).
20. Ibid., p. 166 (III, 14).
21. Ibid., p. 233 (IV, 10).
22. Ibid., p. 290 (V, 7).
23. Ibid., p. 272 (V, 8).
24. Ibid., p. 624 (X, 5).
25. Ibid., p. 509 (VIII, 7).
26. Ibid., p. 647 (X, 5).
27. Ibid., p. 507 (VIII, 6).
28. Ibid., p. 750 (XI, 2).
29. T. M. a Heinrich Mann (7 de março de 1901), *Briefe*, I, p. 27.
30. T. M. a Hermann Lange (19 de março de 1955), ibid., p. 387.
31. T. M. a Otto Grautoff (27 de julho de 1897). Hermann Kurzke, *Thomas Mann. Das Leben als Kunstwerk* (1999), pp. 85-6.
32. T. M., *Tagebuch*, 17 de setembro de 1919.
33. T. M., *Buddenbrooks*, p. 580 (IX, 2).
34. Ibid., p. 612 (X, 1).
35. Ibid., p. 659 (X, 5).
36. Ibid., p. 654 (X, 5).
37. *Betrachtungen eines Unpolitischen*, *Werke*, XII, p. 115.
38. T. M. a Jean Schlumberger (18 de setembro de 1931), *Briefe*, I, p. 306.
39. T. M., *Tonio Kröger* (1903), *Werke*, VIII, p. 337.
40. Ibid., p. 338.
41. T. M., "Bilse und ich", *Werke*, X, p. 20.

EPÍLOGO: AS VERDADES DAS FICÇÕES [pp. 141-56]

1. Francis Bacon, "Of Truth" (1625). A primeira frase em *Essays*, muitas edições.
2. Sir Karl Popper apresentou essa ideia várias vezes. Ver, por exemplo, "Two Faces of Common Sense: An Argument for Commonsense Realism and Against the Commonsense Theory of Knowledge", *Objective Knowledge: An Evolutionary Approach* (1972; ed. rev. 1975), p. 41.

3. Milan Kundera, "Dialogue on the Art of the Novel" (1983), *The Art of the Novel* (1986; trad. Linda Asher, 1988), p. 36.

4. Milan Kundera, "Somewhere Behind" (1984), ibid., p. 117 (itálico no original).

5. C. Vann Woodward, *Thinking Back: The Perils of Writing History* (1986), p. 34.

6. Simon Schama, *Dead Certainties (Unwarranted Speculations)* (1991), p. 320.

7. Hayden White, "Historical Emplotment and the Problem of Truth", in *Probing the Limits of Representation*, ed. Saul Friedlander, 1992, p. 37.

8. Schama, *Dead Certainties (Unwarranted Speculations)*, p. 322.

9. Thomas L. Haskell, "Objectivity is not Neutrality: Rhetoric *versus* Practice in Peter Novick's *That Noble Dream*", in *Objectivity Is Not Neutrality: Explanatory Schemes in History* (1998).

10. Gabriel García Márquez, entrevista de 1977, in Michael Palencia-Roth, "Intertextualities: Three Metaphors of Myth in *The Autumn of the Patriarch*", *Gabriel García Márquez and the Powers of Fiction*, ed. Julio Ortega com Claudia Elliott (1988), pp. 35-6.

11. Gabriel García Márquez, *El olor de la guayaba: Conversación com Plínio Apuleyo Mendoza* (1982). Raymond L. Williams, *Gabriel García Márquez* (1984), p. 111.

12. Gabriel García Márquez, "The Solitude of Latin America", Discurso ao receber o Prêmio Nobel (1982), in *Gabriel García Márquez: New Readings*, ed. Bernard McGuirk e Richard Carwell (1987), p. 208.

13. García Márquez, "Solitude of Latin America", *New Readings*, p. 208.

14. Gabriel García Márquez, *The Autumn of the Patriarch* (1975; trad. Gregory Rabassa, 1976), p. 255.

15. Gabriel García Márquez, *El olor de la guayaba*; Williams, *Gabriel García Márquez*, p. 121.

Notas bibliográficas

Estas notas não pretendem ser completas; elas nem sequer esgotam todos os materiais que consultei. Limitei-me aos escritos que me propiciaram informações confiáveis, que me influenciaram ou intrigaram, ou que me induziram a discordar.

PRÓLOGO: ALÉM DO PRINCÍPIO DA REALIDADE

O texto indispensável que acompanha todo o percurso do realismo desde Homero a Virginia Woolf é o clássico *Mimesis: The Representation of Reality in Western Literature*, de Erich Auerbach (1946; trad. Willard R. Trask, 1953), uma obra-prima de clareza e poder analítico. René Wellek tem um ensaio caracteristicamente erudito, "The Concept of Realism in Literary Scholarship" (1960), in *Concepts of Criticism* (1963). O grande *A History of Modern Criticism*, de Wellek, 8 vols. (1955-91), tem muito a dizer sobre o realismo nos vols. 3 e 4. George Levine, *The Realistic Imagination: English Fiction from Frankenstein to Lady Chatterley* (1981), concentra-se com inteligência nos escritores britânicos. *Documents of Modern Literary Realism*, ed. George J. Becker (1963), é uma coletânea bastante informativa com declarações relevantes de Vissarion Belinsky a Erich Heller, Gustave Flaubert a Marcel Proust, Émile Zola a Philip Rahv, algumas bem longas e sobre vários assuntos. *The Age of Realism* (ed. F. W. J. Hemmings) examina a ficção realista desde seus primórdios no século XVIII a seu declínio na era modernista. Aprendi muito com *The Monster in the Mirror: Studies in Nineteenth-Century Realism* (ed. D. A. Williams, 1978), com ensaios claros e competentes sobre nove romances, incluindo, entre outros, Balzac, *Ilusões perdidas*; W. D. Howells, *The Rise of Silas Lapham*; e Theodor Fontane, *Effi Briest*. Wayne C. Booth, *The Rhetoric of Fiction* (1961), inclui o realismo em seu exame. E Harry Levin, *The Gates of Horn* (1963), com ensaios longos sobre Stendhal, Balzac, Flaubert, Zola e Proust, é a prova do conhecimento de Levin sobre o realismo francês, a respeito do qual tinha trabalhado por décadas.

Há relativamente poucos textos que examinam o romance histórico como um gênero, para verificar como se desenvolvem os jardins imaginários com sapos reais. A. S. Byatt mobilizou seu intelecto aguçado e extensas leituras em algumas palestras manifestamente experimentais, *On Histories and Stories: Selected Essays* (2001); a meu ver, suas explorações ficam um tanto comprometidas por uma fraqueza por certos pós-modernistas, por historiadores a-históricos, colocando assim a ficção e a história numa proximidade muito mais estreita do que julgo adequado. Georg Lukács, *The Historical Novel* (1937; trad. Hannah e Stanley Mitchell, 1962), vê naturalmente a evolução do gênero de um ponto de vista materialista; ainda assim, seus comentários sobre romances específicos são dignos de consideração. Morroe Berger, examinando os romances a partir da perspectiva de um sociólogo em *Real and Imagined Worlds: The Novel and Social Science* (1977), tem um capítulo (7) sobre ficção e história. Indo do coletivo para o individual, Allan Conrad Christensen, *Edward Bulwer-Lytton: The Fiction of New Regions* (1976), dedica o capítulo 5 à análise de um autor que (depois de sir Walter Scott) ajudou a tornar os romances históricos não só respeitáveis como artigos da moda. Alice Chandler, *A Dream of Order: The Medieval Ideal in Nineteenth-Century Literature* (1970), mostra como o medievalismo se tornou difundido na Inglaterra vitoriana, sobretudo depois que Scott exercera sua tremenda influência — e não apenas na Grã-Bretanha. De longe o estudo mais persuasivo sobre Scott, um convite para ler ou reler o velho mestre, é Alexander Welsh, *The Hero of the Waverly Novels* (1963; 2ª ed., 1992).

Para muitos romancistas europeus, Scott foi o pai do realismo histórico. Peter Demetz, *Formen des Realismus: Theodor Fontane. Kritische Untersuchungen* (1964; 2ª ed., 1966), começa com Scott e traça com detalhes seu impacto sobre o realismo alemão. Eda Sagarra, *Tradition and Revolution: German Literature and Society 1830-1890* (1971), observa que sob a influência de Scott os romancistas históricos alemães se tornaram mais socialmente aceitáveis — mais *salonfähig*— que nunca. Sobre Scott e o romance histórico na França, ver M. G. Hutt e Christophe Campos, "Romanticism and History", in *French Literature and Its Background*, vol. 4, *The Early Nineteenth-Century*, ed. John Cruickshank (1969), pp. 97-113, esp. pp. 100-6.

Sobre a visão de história em Tolstói, há acima de tudo o famoso ensaio de Isaiah Berlin, *O ouriço e a raposa* (1953). R. F. Christian, *Tolstoy's "War and Peace": A Study* (1962), é muito apropriado ao tema. Christian também editou *Letters* de Tolstói em dois volumes (1982) que contêm várias observações pertinentes. A vida de Tolstói escrita por Aylmer Maude, 2 vols. (1930), retém sua autoridade.

1. O ANARQUISTA ZANGADO: CHARLES DICKENS EM "CASA SOMBRIA"

Há inumeráveis edições das obras de Dickens, mais ou menos completas, mais ou menos confiáveis. Duas coletâneas recentes, com preço razoável e de fácil acesso, são *The New Oxford Illustrated Dickens*, 21 vols. (1947-58), e os volumes individuais da Penguin Classics. Ambas estão providas de notas e introduções úteis. Quanto a *Casa sombria*, usei a edição de Stephen Gill (1996). A esplêndida Pilgrim Edition de *The Letters of Charles Dickens*, quase completa até o momento com onze grossos volumes plenamente anotados (ed. Madeleine House, Graham Story, Kathleen Tillotson et al., 1965-), revelou-se, numa palavra, indispensável. Sobre os escritos periódicos de Dickens, ver, principalmente, *Household Words*, acessível em várias coletâneas de obras. *Charles Dickens's Uncollected Writings from "Household Words" 1850-1859* (ed. Harry Stone, 1968) torna disponíveis vários textos que Dickens geralmente escreveu com um coautor. Há uma edição prática de *Sketches by Boz* (1836-50, introdução de Peter Ackroyd) que contém os prefácios de Dickens para as várias edições dessa coletânea.

Entre as inúmeras biografias de Charles Dickens, a primeira, escrita por seu amigo íntimo John Forster — *The Life of Charles Dickens*, 2 vols. (1872-4 e várias edições posteriores) —, ainda vale ser lida pelos veredictos e pela delicadeza de um amigo próximo e crítico a julgar o gênio que o autor conheceu tão bem. Entre as biografias modernas, o diligente *Charles Dickens, His Tragedy and Triumph*, 2 vols. (1952), de Edgar Johnson, é em geral considerado a biografia de referência. É confiável, apesar da admiração excessiva, e seus ensaios sobre romances específicos são superficiais e um pouco moralizantes. Fred Kaplan, *Dickens: A Biography* (1988), é a biografia recente mais interessante, que se mostra totalmente à vontade entre os estudos modernos.

Alexander Welsh escreveu vários ensaios refinados e altamente originais, sugestivos no melhor sentido, particularmente *From Copyright to Copperfield: The Identity of Dickens* (1987), e *Dickens Redressed: The Art of "Bleak House" and "Hard Times"* (2000). Utilizei a excelente edição crítica Norton de *Bleak House* (ed. George Ford e Sylvère Monod, 1977); e Susan Shatto, *The Companion to "Bleak House"* (1988), um exame informativo valioso. Esther Summerson, difamada durante um século e meio, recrutou vários defensores; muito conveniente para meus propósitos, Alex Zwerdling, num convincente estudo psicanalítico, "Esther Summerson Rehabilitated", PMLA, LXXXVIII (1973), pp. 429-39. William S. Holdsworth, *Charles Dickens as a Legal Historian* (1928), apresenta algumas restrições sérias a respeito da caricatura da corte de Chancery traçada por Dickens. "The Bench", capítulo 8 in Philip Collins, *Dickens and Crime* (1962; 2ª ed., 1964), sustenta e aprofunda essas críticas.

Dickens, o escritor, tem sido objeto de alguns estudos excepcionalmente interessantes. O brilhante *The Dickens World* (1941; 2ª ed., 1942), de Humphry House, estabelece que Dickens tirou seu material imaginativo indiscriminadamente de várias décadas do início do século XIX na Inglaterra, e escreveu (como eu documento com algum detalhe) como um reformador impulsivo. Além de *Dickens and Crime*, Philip Collins tem um estudo igualmente extraordinário, *Dickens and Education* (1963; rev. 1964). John Butt e Kathleen Tillotson, *Dickens at Work* (1957), é uma investigação cuidadosamente detalhada dos métodos de escrever e reescrever utilizados por Dickens. O substancial *Dickens and Women* (1983), de Michael Slater, traça, com detalhes úteis, o envolvimento de Dickens com mulheres reais e imaginárias. Dois livros que se complementam muito bem acompanham a recepção de Dickens pelas décadas: George H. Ford, *Dickens and His Readers: Aspects of Novel Criticism Since 1836* (1955), e *The Dickens Critics* (ed. George H.

Ford e Lauriat Lane, Jr., 1961), o último oferecendo quase três dúzias de veredictos literários bem selecionados. *Dickens: The Critical Heritage* (ed. Philip Collins, 1971), que oferece passagens consideráveis de um amplo espectro de críticas contemporâneas e posteriores, estava sempre aberto sobre a minha escrivaninha enquanto escrevia este livro. Mostra que a crítica de Dickens foi uma indústria pesada mesmo durante sua vida.

Entre as tantas avaliações contemporâneas, Walter Bagehot, "Charles Dickens" (1856), in *Literary Studies*, 3 vols. (1895), sobressai. Entre a avalanche de comentários no século XX, George Orwell, "Charles Dickens" (1939), reimpresso in *A Collection of Essays by George Orwell* (1954), pp. 55-111, é típico de seu autor — tanto vigoroso como estimulante. Harry Stone, *The Night Side of Dickens: Cannibalism, Passion, Necessity* (1994), parece um tanto excêntrico, mas apresenta sugestões importantes sobre o Dickens mais obscuro. F. R. e Q. D. Leavis, *Dickens the Novelist* (1970), não deixa de ser interessante, mesmo que seus julgamentos me pareçam perversos, doutrinários e presunçosos. Em *The Intellectual Life of the British Working Classes* (2001), Jonathan Rose documenta a imensa popularidade de Dickens entre as "camadas mais baixas".

2. O ANATOMISTA FÓBICO: GUSTAVE FLAUBERT EM "MADAME BOVARY"

A fonte de referência para os escritos de Flaubert é, há muito tempo, a assim chamada edição Conard, 12 vols. (1910-54), mesmo que Benjamin F. Bart, que consultou os manuscritos originais, tenha apontado que o texto, "embora em geral o melhor disponível, seja frequentemente pouco confiável" — *Flaubert* (1967), p. 746. Em seu lugar recorri às *Œuvres*, 2 vols., ed. Albert Thibaudet e René Dumesnil (1951-2), que é bem editado para o que abrange, mas infelizmente omite todos os escritos juvenis de Flaubert (uma decisão editorial significativa e indefensável) e outras obras menores. Esse panorama pode ser parcialmente composto com uma coletânea útil de um volume, *Flaubert: Mémoires d'un fou, Novembre, et autres textes de jeunesse*, ed. Yvan Leclerc (1991). Quanto à correspondência copiosa, deslumbrante e absolutamente essencial de Flaubert, a edição Conard, há pouco mencionada, tem uma coletânea de nove volumes (1926-33), a que foi acrescentado um suplemento de quatro volumes em 1954. Felizmente, pude trabalhar com o *Correspondance* de Jean Bruneau, belamente anotado, cujos quatro volumes até o momento (1973-98) chegam a 1875, cinco anos antes da morte de Flaubert.

Noto que todas as traduções do francês (bem como do alemão) são minhas, embora tenha consultado a versão para o inglês de *Madame Bovary* realizada por Francis Steegmuller, que é a melhor, porém muito mais livre que a minha. *Madame Bovary, nouvelle version*, incluindo esboços e rascunhos inéditos (ed. Jean Pommier e Gabrielle Leleu, 1949), é um triunfo erudito surpreendente. Uma edição crítica Norton, *Madame Bovary* (1965), editada por Paul DeMan "com uma tradução substancialmente nova" feita pelo editor (que se baseia na tradução do final do século XIX de Eleanor Marx), é a meu ver rígida e às vezes pouco idiomática; mas essa edição tem uma ampla amostragem de crítica literária e materiais biográficos, inclusive trechos dos fascinantes primeiros esquemas de Flaubert para o romance (mas omite pudicamente as passagens mais obscenas, que cito no texto, sobre a exploração sexual de Emma por Rodolphe).

Entre as biografias, *Flaubert*, de Bart, já mencionado, é a mais substancial. Maurice Nadeau, *Gustave Flaubert, écrivain* (1969; 2ª ed., 1980), é forte a respeito dos escritos. Francis Steegmuller, *Flaubert and "Madame Bovary": A Double Portrait* (1939; 2ª ed., 1947), é uma biografia refinada até e inclusive a obra-prima de Flaubert.

Encontra-se uma biografia curta em Philip Spencer, *Flaubert: A Biography* (1952). Jean-Paul Sartre, *The Family Idiot: Gustave Flaubert, 1821-1857*, trad. Carol Cosman, 3 vols. (1972), "psicanaliza" verbosamente a evolução mental do jovem Flaubert. Como é que esse escritor que não demonstrava sinais de impulsos homossexuais, pergunta Sartre, converteu-se numa mulher para escrever seu grande romance? De extensão incomum, essa investigação de uma neurose histórica não deixa de ter suas percepções, mas é essencialmente um gosto adquirido que eu, por exemplo, não adquiri. (Um louvável resumo e uma apreciação desse tratado de quase 3 mil páginas pode ser encontrado em Hazel E. Barnes, *Sartre & Flaubert* [1981].) Em um contraste delicioso, *Flaubert par lui-même* (1972), de Victor Brombert, é muito mais compensador, um tipo de biografia intelectual (e para mim muito instrutiva) da mente de Flaubert, que entrelaça textos tirados de seus escritos formais e informais com os comentários lúcidos de Brombert.

Na literatura secundária em constante expansão, Brombert também sobressai com *The Novels of Flaubert: A Study of Themes and Techniques* (1966). Sobre os primeiros anos de Flaubert, ver especialmente Jean Bruneau, *Les débuts littéraires de Flaubert, 1831-1845* (1962), e G. M. Mason, *Les écrits de jeunesse de Flaubert* (1961). É interessante, mas não surpreendente, que os homens de letras têm frequentemente se voltado para *Madame Bovary* em busca de inspiração. Ver especialmente Mario Vargas Llosa, *The Perpetual Orgy: Flaubert and "Madame Bovary"* (1975; trad. Helen Lane, 1986); uma declaração de amor pelo romance e, acima de tudo, por sua heroína, o livro é também uma exposição afetuosa e ordenada do conteúdo e estilo. Não posso esquecer *Flaubert's Parrot* (1984), de Julian Barnes, entre os mais famosos de seus romances, divertido e comovente com suas mudanças acrobáticas pós-modernistas de apresentação e estilo, no qual um estudioso apaixonado de Flaubert, que conhece de cor a vida e as cartas de seu homem, transforma sua pesquisa numa defesa contra a tristeza.

Como um estudo geral, F. W. J. Hemmings, *Culture and Society in France, 1848-1898: Dissidents and Philistines* (1971), é excepcionalmente esclarecedor.

3. O ARISTOCRATA REBELDE: THOMAS MANN EM "OS BUDDENBROOK"

Das várias coletâneas de obras de Thomas Mann, usei a *Gesammelte Werke*, 12 vols. (1960), com mais um volume suplementar (1972). A maioria de suas cartas foi publicada correspondente por correspondente. O pesquisador tem necessidade dessas cartas — por exemplo, *Briefwechsel mit seinem Verleger Gottfried Bermann Fischer, 1932-1955* (1973), *Hermann Hesse-Thomas Mann: Briefwechsel*, ed. Anni Carlsson (1968), ou *Thomas Mann-Heinrich Mann: Briefwechsel 1900-1949*, ed. Hans Wysling (1968; ed. aumentada, 1995) — porque *Briefe*, ed. Erika Mann, 3 vols. (1962-65), embora pareça volumoso, é realmente escasso e excessivamente seletivo. *Thomas Mann*, na série *Dichter über ihre Dichtungen*, ed. Hans Wysling com Marianne Fischer, 3 vols. (1975-81), é um compêndio valioso e aparentemente exaustivo dos comentários de Mann sobre sua obra, tirados em parte de cartas de difícil acesso.

Só agora o fluxo de biografias durante e após a metade da década de 1980, quando o homoerotismo de Mann se tornou uma questão pública, em vez de um segredo aberto, está perdendo o ímpeto. A melhor dessa recente fornada é Hermann Kurze, *Thomas Mann. Das Leben als Kunstwerk* (1999), que, ao contrário de várias outras biografias, confere peso igual à vida e à obra (ou, melhor, une as duas apropriadamente). Klaus Harpprecht, *Thomas Mann. Eine Biographie* (1995), é monumental (mais de 2200 páginas). Em inglês, Nigel Hamilton, *The Brothers Mann: The Lives of Heinrich and Thomas Mann 1871-1950 and 1875-1955* (1979), examina talentosamente uma relação de amor e ódio de uma vida inteira. A biografia de Richard Winston, *Thomas Mann: The Making of an Artist, 1875-1911* (1981), foi infelizmente encurtada pela morte do autor. Entre as biografias mais sucintas, Henry Hatfield, *Thomas Mann* (1951; ed. rev. 1962), é um inteligente estudo literário.

Sobre Thomas Mann, a linha entre biografia e crítica é muito tênue. *From "The Magic Mountain": Mann's Later Masterpieces* (1979), de Hatfield, é marcado pelo senso comum incomum do autor. Erich Kahler, *The Orbit of Thomas Mann* (1969), é uma série de cinco ensaios interligados sobre o crescente compromisso de Mann com a política, redigidos por um intelectual que conheceu Mann muito bem. Kurt Sontheimer, *Thomas Mann und die Deutschen* (1961), explora com sobriedade a mesma questão delicada, como também faz Harpprecht, usando o mesmo título (1990). Erich Heller, *The Ironic German* (1958), faz plena justiça à característica favorita e mais famosa de Mann. Dentre as críticas marxistas, a menos carregada de ideologia, a menos vulgar, Georg Lukàcs, *Essays on Thomas Mann* (1961), trad. Stanley Mitchell, (1964), trata Mann previsivelmente como um realista burguês, embora, Lukàcs admite, um realista de distinção.

EPÍLOGO: AS VERDADES DAS FICÇÕES

Não é necessário documentar com detalhes o consenso predominante entre os filósofos a respeito da preponderância do realismo crítico. John Passmore, *A Hundred Years of Philosophy* (1957; 2ª ed., 1966), é reconhecidamente repleto de argumentos a favor da filosofia anglo-americana e faz pouco uso da metafísica continental, mas não deixa de mostrar a força da tradição realista. *Philoso-*

phical Papers, de G. E. Moore, reunidos no ano de sua morte (1958), com seu poderoso senso comum, continua eminentemente digno de leitura. Karl Popper, a quem cito no texto, defendeu com valentia o realismo durante toda a sua vida. Ver, como uma dessas defesas, *Objective Knowledge: An Evolutionary Approach* (1972; ed. rev., 1985). *Popper* (1973), de Bryan Magee, é um estudo curto redigido por um seguidor fiel de Popper. Vários dos artigos espirituosos de J. L. Austen falam a favor de uma visão realista, especialmente "Truth" (1950) e "Unfair to Facts" (lidos em 1954), ambos em Austen, *Philosophical Papers*, ed. J. O. Urmson e G. J. Warnock (1961). Os escritos filosóficos oportunos de Thomas Nigel sobre a realidade da realidade e o potencial de objetividade foram importantes para mim; tenho uma dívida particular com *The View from Nowhere* (1986) e *The Last Word* (1997). William P. Alston, *A Realist Concept of Truth* (1996), é técnico mas compensador até para quem não é do ramo. Ver também John McDowell, *Mind and World* (1994).

O célebre ensaio de Thomas Kuhn, *The Structure of Scientific Revolutions* (1962), que cito no texto, foi um sucesso sensacional muito além dos sonhos mais loucos do autor. Com noções sedutoras de paradigmas mutáveis nas ideologias científicas, confortou os subjetivistas pós-modernistas, que saudaram Kuhn como seu aliado nos ataques aos "positivistas ingênuos" ou aos "realistas ingênuos". Isso se deu em parte por falha de Kuhn, porque era possível ler em seu curto tratado uma história da ciência, considerada não como uma história de progresso, mas de maneiras sucessivas de ver o passado através de lentes enevoadas. Entretanto, seus escritos posteriores, com certas ressalvas, mostram que Kuhn nunca acreditou no conto de fadas de que o observador cria o mundo externo. Ver *The Essential Tension: Selected Studies in Scientific Tradition and Change* (1977) e *The Road Since Structure: Philosophical Essays, 1970-1993*, ed. James Conent e John Haugeland (2000). Kuhn, revelou-se, não era nem um relativista nem um subjetivista.

Qualquer um que procure um curso-relâmpago das visões pós-modernistas sobre a história deve consultar *The Post-Modern History Reader*, ed. Keith Jenkins (1997), que selecionou imparcialmente os pós-modernistas pouco conhecidos e os pesos-pesados. Chega até a dar espaço para uns poucos céticos. Entre os historiadores, o principal teórico pós-modernista (e, à sua maneira, o mais plausível) é Hayden White. Em *Metahistory: The Historical Imagination of Nineteenth-Century Europe* (1973), *Tropics of Discourse* (1978) e *The Content of Form* (1987), ele converte a história num tipo de romance (geralmente não reconhecido) sobre o passado. Em seu prefácio ao primeiro desses textos, ele diz ao leitor o que esperar: "Trato a obra histórica como aquilo que manifestamente é: uma estrutura verbal na forma de um discurso narrativo em prosa". O "profundo conteúdo estrutural" da história "é geralmente de natureza poética e especificamente linguística..." (p. ix). O mestre de Hayden, como de outros pós-modernistas, é (além de Friedrich Nietzsche, o favorito de todo mundo nessa escola de pensamento) Michel Foucault. Notar especialmente *The Order of Things: An Archaeology of the Human Sciences* (1966; trad. Alan Sheridan-Smith, 1970); a coletânea reveladora *Power/Knowledge: Selected Interviews and Other Writings, 1972-1977*, ed. C. Gordon et al. (1980); e seus dois empreendimentos desastrosos em história cultural moderna, *Madness and Civilization: A History of Insanity in the Age of Reason* (1964; trad. Richard Howard, 1971), e *Discipline and Punish: The Birth of the Prison* (1975; trad. Alan Sheridan, 1977).* O principal problema com as excursões pós-modernistas de Foucault na história é que sua psicologia é irremediavelmente reducionista: para ele, é tudo uma questão de poder, de uma cons-

---

* Isso não quer dizer que Foucault tenha visto tudo errado. Foi dos primeiros a notar que, apesar das aparências em contrário, o "discurso sexual" era muito rico na era vitoriana.

piração meio involuntária dos que têm contra os que não têm. Hadan Sarup, *Post-Structuralism and Post-Modernism* (1988), especialmente na segunda edição, muito aumentada (1993), simpatiza muito mais com esses movimentos do que eu, mas tenta um equilíbrio e oferece resumos do pensamento de Jacques Lacan, Jacques Derrida, Jean-François Lyotard, Jean Baudrillard e outros.

Em anos recentes, a literatura sobre obras latino-americanas tem crescido junto com uma apreciação cada vez maior de seus modelos modernos — especialmente o realismo mágico de Gabriel García Márquez. Sobre sua ficção, ver, acima de tudo, *Gabriel García Márquez and the Powers of Fiction*, ed. Julio Ortega e Claudia Elliott (1988), sobretudo o ensaio de Ortega sobre "Intertextualities: Three Metaphors of Myth in *The Autumn of the Patriarch*". Ver também *Gabriel García Márquez, New Readings*, ed. Bernard McGuirk e Riarch Caldwell (1987), e Raymond L. Williams, *Gabriel García Márquez* (1984). Talvez o volume mais interessante sobre o desabrochar dessa literatura em geral seja *Latin American Fiction: A Survey*, ed. John King (1987), com ensaios de alguns dos principais escritores. Gerald Martin, *Journeys Through the Labyrinth: Latin American Fiction in the Twentieth Century* (1989), é um companheiro valioso.

Agradecimentos

Apresentei uma primeira versão mais curta deste livro como as Palestras W. W. Norton no Centro para Eruditos e Escritores na Biblioteca Pública de Nova York em outubro de 2000. Alguns dos membros do Centro, no biênio 2000-2001, especialmente Walter Frisch, Tony Holden, Anne Mendelson e Claudia Pierpont, aperfeiçoaram o texto com sua sabedoria. Um primeiro rascunho totalmente diferente do capítulo 3 serviu como a Palestra Robert Stoller para 1995 na UCLA. Antes disso, experimentei ideias preliminares para os capítulos 2 e 3 nas Palestras da Universidade de Wisconsin e nas Palestras Page-Barbour na Universidade de Virginia. Durante inúmeros almoços na incomparável Yorkside Pizza em New Haven, Doron Ben-Atar e eu discutimos este texto, e sou-lhe grato por ler cuidadosa e construtivamente o rascunho completo de meu manuscrito. Bob Weil revelou-se mais uma vez um editor sempre disposto a me apoiar, Jason Baskin passou eficientemente pelos obstáculos, e Ann Adelman foi o tipo de editora com que a maioria dos escritores sonha. Como sempre, minha esposa, Ruth, sofreu com meus capítulos versão após versão, sempre alegre e prestativa.

Hamden, Connecticut e Nova York
Janeiro de 2002

Índice remissivo

À la recherche du temps perdu ver *Em busca do tempo perdido* (Proust)
Acton, lorde, 147, 150
alemães, realistas, 116-7
All the King's Men ver *Todos os homens do rei* (Warren)
Anna Kariênina (Tolstói), 70
Aristóteles, 143
Au bonheur des dames ver *Paraíso das damas, O* (Zola)
Aventuras do sr. Pickwick, As (Dickens), 50, 55

Bab, Julius, 108
Bacon, Francis, 142
Bagehot, Walter, 58
Balzac, Honoré de, 11
Baudelaire, Charles, 70, 74, 77, 92, 101
Bennett, Arnold, 27
Bentham, Jeremy, 18-9
Bentley's Miscellany, 41
Bouilhet, Louis, 77, 101

Bouvard e Pécuchet (Flaubert), 87
Bovary, Charles (personagem), 87, 96-7, 104
Bovary, Emma (personagem), 70-2, 81-2, 88-9, 94, 97-101, 115
Browne, Hablot K. ("Phiz"), 33
Buddenbrook, Christian (personagem), 116, 134
Buddenbrook, família, 140; como negociantes aristocratas, 109-10, 137
Buddenbrook, Gerda Arnoldsen (personagem), 122-7, 135
Buddenbrook, Hanno (personagem), 109, 113, 116-7, 119, 123, 126-30, 133
Buddenbrook, Johann (personagem), 109, 119-22
Buddenbrook, Os (Thomas Mann), 12-4, 18, 28, 41, 105-10, 112, 114-5, 117, 123, 126, 130-1, 133, 135, 137-40; a burguesia em, 111, 137, 139-40; capitalismo em, 110-1; como

crônica de família, 108-9; conflito entre os irmãos em, 134-5; filosofia em, 135-6; homoerotismo em, 131; morte em, 115-6; música em, 113, 116, 124-9; negociantes aristocratas em, 109-10, 137; questões biológico-psicológicas em, 111-2; questões sociológicas-políticas em, 111-2; sexualidade e amor em, 117-25; símbolos e *Leitmotiven* em, 108-9, 123

Buddenbrook, Thomas (personagem), 108-10, 115-6, 119, 122-3, 125, 132, 135, 150

Buddenbrook, Tony (personagem), 110, 117-22, 131

Byron, George Gordon, lorde, 84

Canção de Natal (Dickens), 51
Cândido (Voltaire), 75
Carlyle, Thomas, 58
Caroline (sobrinha de Flaubert), 75, 78, 85
Carstairs, Richard (personagem), 31, 37, 39, 47
"Carta roubada, A" (Poe), 93
Cartuxa de Parma, A (Stendhal), 151
Casa sombria (Dickens), 12, 14, 18, 29, 31, 33-6, 38-9, 42-3, 52, 55-7, 60-2, 64, 70; a lei e os advogados em, 35, 37-8, 55; cenas de morte em, 31-2, 37; combustão espontânea em, 31-2, 37; corte de Chancery em, 35-8, 51-3, 55, 59, 61-2; metáfora e simbolismo em, 34-7; recepção da sátira em, 55-6; subúrbios de Londres em, 53-4
Castelo, O (Kafka), 15
Castorp, Hans (personagem), 133, 136

Cervantes, Miguel de, 77
Charcot, Jean-Martin, 83
Chateaubriand, François René, conde de, 80
ciclo *Rougon-Macquart* ver *Rougon-Macquart* (Zola)
Cobban, Alfred, 93
Colet, Louise, 13, 67, 71-3, 75-8, 83-5, 92, 95
complexo de Édipo, 17
Contos de Hoffmann (Offenbach), 129
Copperfield, David (personagem), 36, 42-4, 48, 60
Courbet, Gustave, 74

David Copperfield (Dickens), 36, 42, 48, 50, 60
Depeaux, François, 103
Derrida, Jacques, 145
Dicionário das ideias feitas (Flaubert), 103
Dickens World, The (House), 19
Dickens, Catherine Hogarth, 50
Dickens, Charles, 12, 18-9, 28-63, 70, 89, 107, 116, 120, 140; cartas de, 34; cenas de morte de, 31-2, 37; como anarquista, 93; como crítico social, 51-63, 101; filosofia política de, 18-9, 51-63, 107; heroínas de, 39-51; Orwell sobre, 43; personagens de, 12, 14, 32-4, 36, 43, 49, 111; sentimentalismo em, 41, 58; sexualidade em, 45
Dickens, Elizabeth, 49
Dickens, John, 49
Do princípio da arte (Proudhon), 74
Dombey and Son (Dickens), 48
Dostoiévski, Fiódor, 17, 143
Du Camp, Maxime, 77, 90

Du coté de chez Swann ver *No caminho de Swann* (Proust)

Eça de Queirós, José Maria *ver* Queirós, Eça de
Educação sentimental, A (Flaubert), 14, 68, 86-7, 151
Effi Briest (Fontane), 70, 151
Ehrenberg, Paul, 131
Eliot, George, 25, 32
Em busca do tempo perdido (Proust), 12, 26

Feira das vaidades (Thackeray), 151
Feydeau, Ernest, 78
Fischer, Samuel, 115
Flaubert, Achille, 91
Flaubert, Achille-Cléophas, 72
Flaubert, Caroline, 84, 85
Flaubert, Gustave, 12, 20, 28, 65, 68-103, 115-6, 140, 151; burgueses desprezados por, 78-9, 81-2, 99-100, 103, 139; cartas de, 13, 17, 69, 75-7, 84; como anarquista, 92; fobias de, 82; identificação com personagens, 72; política de, 107; rancores de, 101; sexualidade de, 83; sobre a arte, 74-7; viagens ao Oriente Próximo de, 84
Flores do mal, As (Baudelaire), 74, 92
Fontane, Theodor, 26, 70, 117, 151
Ford, George H., 63
Forster, John, 40, 42, 49, 52
Fortunata e Jacinta (Pérez Galdós), 16
Freud, Sigmund, 17, 28, 83, 144

García Márquez, Gabriel, 152-6
Gautier, Théophile, 78
Gide, André, 131

Goethe, Johann Wolfgang von, 77, 146
Golden Bowl, The ver *Taça de ouro, A* (James)
Goncourt, irmãos, 11, 15
Gradgrind, Thomas (personagem), 18-9
Grautoff, Otto, 132
Graziella (Lamartine), 95
Grünlich, Bendix (personagem), 117-8, 120-2
Guerra e Paz (Tolstói), 22-4, 27

Hagenström, família, 110-1, 140
Hanem, Kuchuk, 84
Haskell, Thomas L., 149
Hauptmann, Gerhart, 117
Hawthorne, Nathaniel, 17, 70
Herbert, Juliet, 85
Hilda Lessways (Bennett), 27
Histoire du consulat et de l'empire (Thiers), 23
história, historiadores: cultural, 111; desacordo entre, 149; e os romances contemporâneos, 151-6; escolha de assunto, 148; literatura e, 15-6, 28, 64, 102, 111-2, 139-56; pós-modernismo e, 145-7; social, 24, 111
Hogarth, Mary, 50-1
House, Humphry, 19
Household Words, 57-8, 62
Howells, William Dean, 15
Hugo, Victor, 77, 92, 119
Hunt, Leigh, 33-4

Ibsen, Henrik, 116
Irmãos Karamázov, Os (Dostoiévski), 17

James, Henry, 43, 70, 144
Jarndyce, John (personagem), 37-41, 48, 59-61
Joyce, James, 12, 26

Kafka, Franz, 15, 143
Keats, John, 33
Kingsley, Charles, 113
Kipling, Rudyard, 24
Kleine Herr Friedmann, Der ver *Pequeno senhor Friedmann, O* (Mann)
Kröger, Tonio (personagem), 120, 133, 138-9
Kuhn, Thomas, 142
Kundera, Milan, 143
Kutuzov, príncipe, 23-4

Lamartine, Alphonse de, 95
Lemot, J., 73
Léon (personagem), 71, 89, 91, 98, 117
LePoittevin, Alfred, 83
Letra escarlate, A (Hawthorne), 17, 70
Lewes, G. H., 32, 40
Little Dorrit ver *Pequena Dorrit, A* (Dickens)
Loja de antiguidades (Dickens), 41
Long, Huey, 144

Madame Bovary (Flaubert), 13-4, 18, 28, 42, 65-74, 79, 81, 87, 89-91, 93-5, 98, 101-3, 139; adultério em, 69-71; denúncia de obscenidade, 90-5; leituras em, 79-81, 100; resenhas de, 72-4, 89-90; romantismo e, 73-4; sexualidade em, 79-82, 87-91, 94-8, 100
Mann, Heinrich, 12, 114-5, 130-1, 134, 139
Mann, Katja Pringsheim, 132

Mann, Klaus, 132
Mann, Thomas, 7, 12, 14, 28, 105, 108-40, 150; a morte como fascinação de, 112-5, 136; cartas de, 131-3; casamento de, 132; desejos homoeróticos de, 131-3, 140; influências intelectuais de, 107-8; *Liebestod* e, 112-4; política de, 114; sobre a arte, 137; sobre a burguesia, 111, 136-40
Mantel, Hilary, 21-2, 154
Martens, Armin, 131
marxistas, críticos literários, 17
Melbourne, lorde, 61
Mémoires d'un fou (Flaubert), 85
Michelet, Jules, 77
Mill, John Stuart, 56-7
Moby Dick (Melville), 36
modernistas, modernismo, 12, 26
Montanha mágica, A (Mann), 133, 136
Moore, G. E., 142
Moreau, Frédéric (personagem), 14, 68-9, 87, 151
Morten (personagem), 118-9, 121, 131
"Mr. Bennett and Mrs. Brown" (Woolf), 27
Mrs. Dalloway (Woolf), 26
Mundo como vontade e representação, O (Schopenhauer), 135

Namier, sir Lewis, 145
Napoleão I, 23, 92
Napoleão III, 92, 102
naturalismo, 75
Nicholas Nickleby (Dickens), 50
Nietzsche, Friedrich, 107
No caminho de Swann (Proust), 141
Nosso amigo comum (Dickens), 60

Offenbach, Jacques, 93, 112, 129
Oliver Twist (Dickens), 32, 35, 41, 59
Orwell, George, 7, 43
Our Mutual Friend ver *Nosso amigo comum* (Dickens)
Ouriço e a raposa, O (Berlin), 23
Outono do patriarca, O (García Márquez), 152-6

Paraíso das damas, O (Zola), 16
Patmore, Coventry, 113
Pequena Dorrit, A (Dickens), 60-1
Pequeno senhor Friedemann, O (Mann), 132
Pérez Galdós, Benito, 16
Pickwick Papers ver *Aventuras do sr. Pickwick, As* (Dickens)
Pinard, Ernest, 93-4, 96
Place of Greater Safety, A (Mantel), 21-2
Platão, 17, 126
Plekhanov, G. V., 17
Poe, Edgar Allan, 93
Poética (Aristóteles), 143
Popper, sir Karl, 142
pós-modernismo, historiadores e, 145-7
Pot-bouille (Zola), 71
Pradier, James, 83
Primeira Guerra Mundial, 114, 132, 136, 139
princípio da realidade, 11, 13, 75, 102; ver também realismo
Processo, O (Kafka), 15
Proudhon, Pierre Joseph, 74
Proust, Marcel, 12, 26, 36, 141, 143
psicanalítica, crítica, 25, 44-51

Queirós, Eça de, 15

realismo, 11-2, 14-8, 26-7, 32, 34, 116, 141; alemão, 116-7; em Mann, 108; filósofos e, 142; Flaubert e, 65, 74-5; historiadores e, 142-6; modernismo como, 26; na arte, 74; romance histórico e, 20-4
realismo mágico, 153
Reflexões de um homem não político (Mann), 133
Revolução Francesa, 21-3, 93
Ricardo III, rei da Inglaterra, 22
Rodolphe (personagem), 71, 88, 97-8, 100
romance: definição de Stendhal para, 18; histórico, 20-4; leituras múltiplas do, 15; "romance-do-ditador", 151
romantismo, 11-2; *Madame Bovary* e, 73-4
Rougon-Macquart (Zola), 71

Sainte-Beuve, Charles-Augustin, 11, 73-4
Salambô (Flaubert), 68, 81-2
Sand, George, 77, 79, 101
"Sangue dos Walsungs, O" (Mann), 114
Schama, Simon, 145, 148
Schlésinger, Elisa, 85
Schopenhauer, Arthur, 107, 135, 150
Scott, sir Walter, 80
Sénard, Marie A. J., 94
Shakespeare, William, 22, 77
Shelley, Percy Bysshe, 76
Silas Marner (Eliot), 25
"Sobre a República Alemã" (Mann), 136
Sombart, Werner, 111
Spectator, 41
Spivak, Gayatri Chakravorty, 145

Stendhal, 18, 151
Stephen, James Fitzjames, 61, 89-90, 95
Stevens, Wallace, 141
Summerson, Esther (personagem), 39, 41-2, 46, 48, 51, 53, 60

Taça de ouro, A (James), 70
Taine, Hippolyte, 72, 99
Tempos difíceis (Dickens), 18, 58, 61
Thackeray, William Makepeace, 32, 48, 151
Thiers, Adolphe, 23
Todos os homens do rei (Warren), 144
Tolstói, Liev, 22-4, 27, 70, 77
Tom Watson: Agrarian Rebel (Woodward), 144
Tonio Kröger (Mann), 133, 138-9
Tristão (Mann), 112-3
Tristão e Isolda (Wagner), 112-3, 128
Troeltsch, Ernst, 111
Turguêniev, Ivan, 11, 77

Ulisses (Joyce), 12, 26
utilitarismo, 19, 58

Vanity Fair ver *Feira das vaidades* (Thackeray)
Vargas Llosa, Mario, 7
Vidal, Gore, 21
Vitória, rainha da Inglaterra, 61
vitorianos: sentimentalismo dos, 41; sexualidade dos, 45
Voltaire, 75, 77

Wagner, Richard, 107, 112-4, 128
Walter, Jimmy, 79
Warren, Robert Penn, 144
Watson, mrs. Richard, 34, 144
Weber, Max, 111, 139
West, Rebecca, 141
White, Hayden, 145-6
Whitman, Walt, 11
Wickfield, Agnes (personagem), 42, 44, 46, 51
Wilde, Oscar, 41, 131
Woodcourt, Allan (personagem), 39-41, 60
Woodward, C. Vann, 144
Woolf, Virginia, 26-8
Wordsworth, William, 17

Zola, Emile, 16, 26, 71, 75, 116

ESTA OBRA FOI COMPOSTA PELA SPRESS EM MINION E IMPRESSA EM OFSETE
PELA PROL EDITORA GRÁFICA SOBRE PAPEL PÓLEN SOFT DA SUZANO PAPEL E
CELULOSE PARA A EDITORA SCHWARCZ EM ABRIL DE 2010